UUS-MEREMAA TÄNAVA TÄNAV TOIDURAAMAT

Krõmpsuvate kreekerite meisterdamine

Malle Raudsepp

Autoriõigus materjal ©2023

Kõik õigused kaitstud

Ühtegi selle raamatu osa ei tohi mingil kujul ega vahenditega kasutada ega edastada ilma kirjastaja ja autoriõiguse omaniku nõuetekohase kirjaliku nõusolekuta, välja arvatud ülevaates kasutatud lühikesed tsitaadid. Seda raamatut ei tohiks pidada meditsiiniliste, juriidiliste või muude professionaalsete nõuannete asendajaks.

SISUKORD

SISSEJUHATUS 6
HOMMIKUSÖÖK 8

    1. Rewena Paraoa (maoori leib) 9
    2. Kumara (maguskartul) Rösti 11
    3. Uus-Meremaa skoonid 13
    4. Kiivi ja banaani smuuti 15
    5. Hokey Pokey pannkoogid 17
    6. Feijoa ja banaani smuutikauss 19
    7. Juustu- ja sibulamuffinid 21
    8. Uus-Meremaa röstitud müsli 23
    9. Pikelets Sidrunikohupiimaga 25
    10. Rohelise huulekarbi omlett 27
    11. Kumara ja Bacon Frittata 29
    12. Kiivide ja avokaado smuuti 31
    13. Uus-Meremaa peekoni- ja munapirukas 33
    14. Suitsulõhe Bagel toorjuustuga 35
    15. Mānuka mee ja ingveri tee 37
    16. Sealiha ja Puha hommikusöögihašš 39
    17. Hangi hommikusöögipakend 41
    18. Soolased juustutükid 43

SUUPÄID JA SUUPÖÖD 45

    19. Sibulakaste 46
    20. Mānuka mee röstsai Ricottaga 48
    21. Kiivide salsa röstsaial 50
    22. Hokey pokey 52
    23. Uus-Meremaa väljakud 54
    24. Valge sööt Fritterid 56
    25. Southlandi juusturullid 58
    26. Juust ja Marmite Rullid 60
    27. Kumara (maguskartuli) krõpsud Aioliga 62
    28. Rohelised huulekarbi Fritterid 64
    29. Paua (Abalone) Fritterid 66
    30. Spinati ja feta rattad 68
    31. Sealiha ja kressi vorstirullid 70
    32. NZ Liha Pirukas Hammustab 72
    33. Lambaliha Koftas piparmündijogurti kastmega 74
    34. Suitsutatud Kahawai Pâté 76
    35. Mānuka mee ja rosmariiniga röstitud mandlid 78
    36. Krevettide kokteil 80

37. Sealiha ja kapsa pelmeenid 82
38. Grillitud suvikõrvits ja fetavardad 84

PÕHIROOG 86

39. Linguine Uus-Meremaa kukeseentega 87
40. Uus-Meremaa lõhe sidrunivõies 89
41. Marineeritud Uus-Meremaa lambaliha grillil 91
42. Uus-Meremaa härjasabahautis 93
43. Ahjus pošeeritud Uus-Meremaa Punane Ahven 95
44. Röstitud Uus-Meremaa lõhe mangosalsaga 97
45. Grillitud Uus-Meremaa võikala oasalat 100
46. Lambaliha mee-sinepikastmega 103
47. Uus-Meremaa pastlad 105
48. Lambapraad rosmariini ja küüslauguga 108
49. Hangi stiilis kana ja köögiviljad 110
50. Rohelise huulekarbi paella 112
51. Uus-Meremaa liha- ja seenepirukas 114
52. Roheline karri Pāua (Abalone) Sega-Praadida 117
53. Grillitud sinine tursk sidruni ja ürdivõiga 119
54. Hirveliha ja punase veini pajaroog 121
55. Hāngī stiilis lamba- ja köögiviljahautis 123
56. Rewena Paraoa (maoori leiva) burger 125
57. Vähi (Rock Lobster) sabad küüslauguvõiga 127
58. Uus-Meremaa roheline karri lambaliha 129
59. Hāngī kana täidisega 131
60. Maoori keetmine 133
61. Sinine Cod Kala Tacos 135
62. Kiivi glasuuritud kana 137

SUPID JA KOHTU 139

63. Rohelise huulega rannakarp 140
64. Kumara (maguskartul) ja kõrvitsasupp 142
65. Kumara (maguskartul) ja peekonisupp 144
66. Rohelise huulega rannakarp 146
67. Kõrvitsa ja paua (abalone) supp 148
68. Rannakarbi- ja kartulipuder 150
69. Kõrvitsa ja peekoni supp 152
70. Kūmara ja kookosesupp 154
71. Rohelise herne ja singisupp 156
72. Sealiha ja kressisupp 158
73. Uus-Meremaa mereandide koor 160
74. Hāngī köögiviljasupp 162

KÕRJED JA SALATID 164

75. Uus-Meremaa spinatigratiin 165
76. Hāngī inspireeritud küpsetatud oad 167

77. Kūmara ja spinati salat grillitud Halloumiga 169
78. Uus-Meremaa spinati konserveerimine 171
79. Kolmevärviline Uus-Meremaa salat..173
80. Uus-Meremaa pruuni riisi ja kiivi salat 175
81. Uus-Meremaa apelsin papaia riisi ja salsaga 177
82. Kūmara (maguskartul) viilud 180
83. Hasselbacki kartulid 182
84. Uus-Meremaa kartulisalat 184
85. Kīnaki salat (tomati-avokaado salat) 186
86. Coleslaw õuna ja pähkliga 188
87. Sowthistle Salsa 190

MAGUSTOIT JA MAIUSTUSED 192

88. Uus-Meremaa käsnkook 193
89. Uus-Meremaa kiivi juustukook 195
90. Uus-Meremaa Pavlova 198
91. Tim Tam Uppus 200
92. Hokey Pokey jäätis 202
93. Feijoa Murenda 204
94. Mānuka mee ja pähkli tort 206
95. Vaarika ja valge šokolaadi viil 208
96. Afganistani küpsised 210
97. Kiivi ja maasika pisiasi 212
98. Lolly kook 214
99. Anzaci küpsised 216
100. Kuldse siirupiga aurutatud puding 218

KOKKUVÕTE 220

SISSEJUHATUS

Kia ora, südamlik tervitus, mis kõlab Uus-Meremaa soojuse ja külalislahkusega, ning tere tulemast kulinaarsele odüsseiale, mille sarnast pole ükski teine – "Uus-Meremaa ülim tänavatoiduraamat". See kokaraamat on midagi enamat kui retseptide kogum; see on sukeldumine Aotearoa elavate tänavate südamelöökidesse, kus iga roog räägib loo ja iga suupiste kapseldub rikkaliku kultuuriliste mõjutustega, mis määravad Kiwi tänavatoidukogemuse.

Selle kokaraamatu lehti keerates kujutlege end jalutamas Uus-Meremaa elavatel turgudel ja elavatel tänavatel, kus põimuvad särisevate grillide aroomid ja ahvatlevad eksootiliste vürtside lained. Uus-Meremaa tänavatoit on pidu – elav maitsemosaiik, mis peegeldab kulinaarsete traditsioonide sulatuspotti põlisrahvaste maooridest kuni mitmekesiste Vaikse ookeani kogukondadeni ja globaalsete mõjutusteni, mis on selles Vaikse ookeani paradiisis kodu leidnud.

Uus-Meremaa tänavate saginas on toit sotsiaalse struktuuri lahutamatu osa. See on kogemus, mis ületab pelgalt ülalpidamise – see on kogukondlik asi, jagatud rõõm, mis toob inimesi kokku. See kokaraamat kutsub üles astuma Kiwi tänavatoidukultuuri südamesse, kus iga retsept on passiks elavatele toiduturgudele, eklektilistele toiduautodele ja võluvatele kioskidele, mis tänavatel asustavad, pakkudes maitsete ja tekstuuride kaleidoskoopi.

Valmistuge alustama gastronoomilist seiklust, mis ületab tavapärase. Avastage ikooniliste kiiviroogade taga peituv kunstilisus, kujutlege traditsioonilist klassikat tänapäevase vimkaga ja süvenege Uus-Meremaa dünaamilist tänavatoidumaastikku iseloomustavasse uuenduslikku sulandumisse. Olenemata sellest, kas olete kogenud kulinaariahuviline või köögis algaja, pidage seda kokaraamatut oma isiklikuks teejuhiks Uus-Meremaa tänavatoidu autentsete maitsete taasloomiseks otse oma kodu südames.

Seega, kui reisime koos läbi Aotearoa elavate tänavate, tähistame maitseid, lugusid ja jagatud rõõmu, et nautida parimat, mida Uus-Meremaa tänavatoit pakub. Ikooniklassikast avangardini on iga retsept kulinaarne hetktõmmis, maitsekas narratiiv, mis avaldab austust mitmekesistele kultuuridele ja kogukondadele, mis moodustavad Uus-Meremaa tänavatoidukultuuri rikkaliku seinavaiba.

Liituge meiega selles kulinaarses uurimistöös, kus iga roa maitse on pidu ja iga retsept on austusavaldus kultuuridele, mida nad esindavad. Kui tood Uus-Meremaa tänavad oma kööki, meenutagu jagatud mõnulemisrõõm Kiwi tänavatoidu elavat ja maitsvat kogemust. Tere tulemast maitsete, traditsioonide ja Aotearoa tänavate ahvatleva võlu teekonnale – head toiduvalmistamist!

HOMMIKUSÖÖK

1.Rewena Paraoa (maoori leib)

KOOSTISOSAD:
- 3 tassi jahu
- 1 tass juuretist juuretist (rewena)
- 1 tl suhkrut
- 1 tl soola
- Soe vesi (vastavalt vajadusele)

JUHISED:
a) Sega suures kausis jahu, juuretise juuretis, suhkur ja sool.
b) Lisa vähehaaval soe vesi ja sõtku, kuni saad pehme elastse taina.
c) Katke ja laske soojas kohas seista mitu tundi või üleöö.
d) Kuumuta ahi 180°C-ni (350°F).
e) Vormi tainast ümmargune päts ja aseta küpsetusplaadile.
f) Küpseta 30-40 minutit või kuni kuldpruunini.
g) Enne viilutamist ja serveerimist lase leival jahtuda.

2.Kumara (maguskartul) Rösti

KOOSTISOSAD:
- 2 tassi riivitud kumarat (maguskartul)
- 1 muna, lahtiklopitud
- 2 spl jahu
- Sool ja pipar maitse järgi
- Oliiviõli praadimiseks

JUHISED:
a) Sega kausis riivitud kumara, lahtiklopitud muna, jahu, sool ja pipar.
b) Kuumuta oliiviõli pannil keskmisel kuumusel.
c) Tõsta kumara segu lusikaga pannile, moodustades väikesed pätsikesed.
d) Küpseta mõlemalt poolt kuldpruuniks.
e) Serveeri kuumalt oma lemmikhommikusöögi kõrvale.

3.Uus-Meremaa skoonid

KOOSTISOSAD:
- 4 tassi Isekerkivat jahu
- 1 purk Seitse-up
- 300 milliliitrit koort (või 1 1/2 tassi)

JUHISED:
a) Sega kausis isekerkiv jahu, Seven-up ja koor.
b) Lõika koostisosad noaga kokku, kuni need on lihtsalt segunenud.
c) Rebi taignast umbes muffinisuurused tükid.
d) Aseta taignatükid küpsiseplaadile.
e) Patsutage iga taignatüki ülaosa alla.
f) Küpseta eelkuumutatud ahjus 220°C (425°F) juures umbes 12 minutit või kuni skoonid on kuldpruunid.

4.Kiivi ja banaani smuuti

KOOSTISOSAD:
- 2 küpset banaani
- 2 kiivit, kooritud ja viilutatud
- 1 tass tavalist jogurtit
- 1 tass piima
- 1 spl mett
- Jääkuubikud (valikuline)

JUHISED:
a) Sega segistis banaanid, kiivid, jogurt, piim ja mesi.
b) Blenderda ühtlaseks ja kreemjaks.
c) Soovi korral lisa jääkuubikuid ja blenderda uuesti.
d) Vala klaasidesse ja serveeri kohe.

5.Hokey Pokey pannkoogid

KOOSTISOSAD:
- 1 tass universaalset jahu
- 2 spl suhkrut
- 1 tl küpsetuspulbrit
- 1/2 tl söögisoodat
- 1/4 teelusikatäit soola
- 1 tass petipiima
- 1 suur muna
- 2 spl sulatatud võid
- 1/2 tassi hokey pokey kommi (või kärgstruktuuri), purustatud

JUHISED:
a) Vahusta kausis jahu, suhkur, küpsetuspulber, sooda ja sool.
b) Klopi teises kausis kokku petipiim, muna ja sulavõi.
c) Valage märjad koostisosad kuivade koostisosade hulka ja segage, kuni need on lihtsalt segunenud.
d) Voldi sisse purustatud hokey pokey kommid.
e) Küpseta pannkoogid plaadil või pannil mõlemalt poolt kuldpruuniks.

6.Feijoa ja banaani smuutikauss

KOOSTISOSAD:
- 2 küpset banaani
- 1 tass kooritud ja tükeldatud feijoad
- 1/2 tassi kreeka jogurtit
- 1/4 tassi valtsitud kaera
- 1 spl mett
- Lisandid: viilutatud banaan, granola, kookoshelbed

JUHISED:
a) Sega banaanid, feijoad, kreeka jogurt, kaer ja mesi ühtlaseks massiks.
b) Vala smuuti kaussi.
c) Kõige peale viilutatud banaan, granola ja kookoshelbed.

7.Juustu- ja sibulamuffinid

KOOSTISOSAD:
- 2 tassi universaalset jahu
- 1 spl küpsetuspulbrit
- 1/2 tl söögisoodat
- 1/2 teelusikatäit soola
- 1 tass riivitud Cheddari juustu
- 1/2 tassi peeneks hakitud punast sibulat
- 1 tass piima
- 1/2 tassi taimeõli
- 1 suur muna

JUHISED:

a) Kuumuta ahi 200°C-ni (400°F) ja vooderda muffinivorm pabervooderdistega.
b) Sega suures kausis jahu, küpsetuspulber, sooda ja sool.
c) Sega hulka riivjuust ja hakitud sibul.
d) Vahusta eraldi kausis piim, taimeõli ja muna.
e) Valage märjad koostisosad kuivade koostisosade hulka ja segage, kuni need on lihtsalt segunenud.
f) Tõsta tainas lusikaga muffinivormidesse ja küpseta 15-18 minutit või kuni hambaork tuleb puhtana välja.

8.Uus-Meremaa röstitud müsli

KOOSTISOSAD:
- 1/2 tassi Uus-Meremaa mett
- 2 spl õli, nagu soovite
- 3 tassi tervet või valtsitud kaera
- 1/2 tassi helvestatud või purustatud kookospähklit
- 1/2 tassi seemneid
- 1/2 tassi pähkleid
- 1 tass kuivatatud puuvilju

JUHISED:

a) Sega mesi ja õli kastrulis keskmisel kuumusel. Küpseta sageli segades 4 minutit – ära lase kõrbeda.

b) Kuumuta ahi 150°-ni Vooderda suur sügav ahjuvorm küpsetuspaberiga.

c) Kombineerige suures kausis kõik ülejäänud koostisosad, välja arvatud kuivatatud puuviljad. Vala peale sooja mee segu. Kombineerimiseks sega hästi läbi.

d) Jaota segu ühtlaselt nõude põhjale. Küpseta 25–30 minutit, segades iga 10 minuti järel või kuni see on kuldne ja röstitud. Eemaldage ahjust ja lisage kuivatatud puuviljad, segades kõik kokku.

e) Tõsta kõrvale täielikult jahtuma, kui müsli on moodustanud krõbedad kobarad.

f) Murenda need kobarad maha, kui panete müsli säilitamiseks õhukindlasse anumasse.

9.Pikelets Sidrunikohupiimaga

KOOSTISOSAD:
- 1 tass universaalset jahu
- 1 tl küpsetuspulbrit
- 2 spl suhkrut
- 1/2 tassi piima
- 1 suur muna
- Või keetmiseks
- Katteks sidruni kohupiim

JUHISED:
a) Vahusta kausis jahu, küpsetuspulber, suhkur, piim ja muna.
b) Kuumuta praepann või pann ja lisa veidi võid.
c) Tõsta lusikaga väikeses koguses tainast plaadile, et moodustada haugid.
d) Küpseta, kuni pinnale tekivad mullid, seejärel keerake ümber ja küpsetage teine pool.
e) Serveeri täpi sidrunikohupiimaga.

10.Rohelise huulekarbi omlett

KOOSTISOSAD:
- 4 suurt muna
- 1/4 tassi piima
- Sool ja pipar maitse järgi
- 1/2 tassi keedetud roheliste huultega rannakarpe, tükeldatud
- 1/4 tassi fetajuustu, purustatud
- Kaunistuseks värsked ürdid (petersell, murulauk).

JUHISED:
a) Vahusta kausis munad, piim, sool ja pipar.
b) Vala segu kuumale, määritud pannile.
c) Puista omleti ühele poolele tükeldatud rannakarbid ja murendatud feta.
d) Voldi teine pool täidisele ja küpseta, kuni munad on hangunud.
e) Enne serveerimist kaunista värskete ürtidega.

11. Kumara ja Bacon Frittata

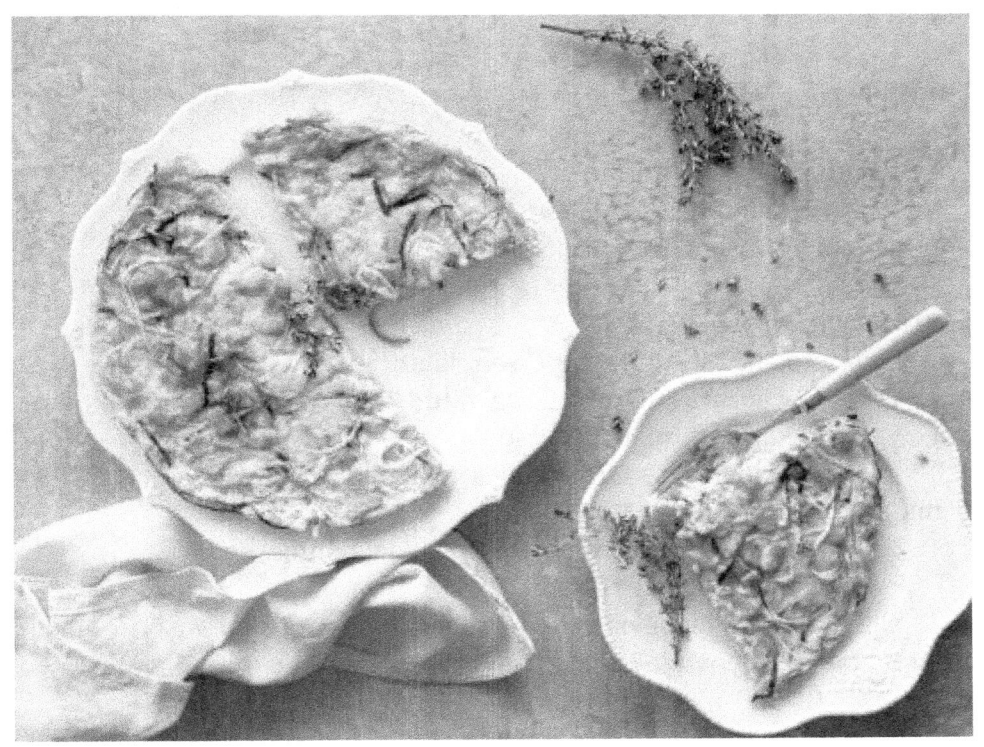

KOOSTISOSAD:
- 2 tassi kumara (maguskartul), kooritud ja kuubikuteks lõigatud
- 6 muna
- 1/2 tassi piima
- Sool ja pipar maitse järgi
- 200 g peekonit, tükeldatud
- 1 sibul, peeneks hakitud
- 1 tass riivitud Cheddari juustu
- Oliiviõli toiduvalmistamiseks

JUHISED:
a) Kuumuta ahi 180°C-ni (160°C ventilaatoriga).
b) Keeda või auruta kuubikuteks lõigatud kumara, kuni see on pehme.
c) Vahusta kausis munad, piim, sool ja pipar.
d) Prae ahjukindlas pannil oliiviõlis peekonit ja sibulat, kuni sibul on läbipaistev.
e) Lisa pannile keedetud kumara ja vala peale munasegu.
f) Puista ühtlaselt peale riivjuust.
g) Küpseta pliidiplaadil paar minutit, seejärel tõsta ahju ja küpseta, kuni frittata on tahenenud ja kuldpruun.

12. Kiivide ja avokaado smuuti

KOOSTISOSAD:
- 2 küpset kiivi, kooritud ja viilutatud
- 1 küps avokaado, kooritud ja kivideta
- 1 tass spinati lehti
- 1/2 tassi kreeka jogurtit
- 1 spl mett
- 1 tass mandlipiima
- Jääkuubikud (valikuline)

JUHISED:
a) Sega segistis kiivid, avokaado, spinat, kreeka jogurt, mesi ja mandlipiim.
b) Blenderda ühtlaseks.
c) Soovi korral lisa jääkuubikuid ja blenderda uuesti.
d) Vala klaasidesse ja naudi värskendavat kiivi-avokaado smuutit.

13. Uus-Meremaa peekoni- ja munapirukas

KOOSTISOSAD:
- 1 pakk Lehttainast
- 4 viilu peekonit keedetud ja tükeldatud
- 1/2 sibulat kuubikuteks
- 8 muna jagatud
- 1/4 tassi piima
- soola ja pipart maitse järgi

JUHISED:
a) Kuumuta ahi 350 kraadini.
b) Valatud pann kihiti 1 lehttaignalehega. Lisa tainapõhjale peekon. Murra peale õrnalt 6 muna.
c) Vispelda väikeses kausis ülejäänud munad ja piim. Maitsesta soola ja pipraga. Murra sibul ja vala pannil munadele. Küpseta 35-40 minutit või kuni munad on hangunud.

14.Suitsulõhe Bagel toorjuustuga

KOOSTISOSAD:
- 4 bagelit, poolitatud ja röstitud
- 200 g suitsulõhet
- 1 tass toorjuustu
- 1 punane sibul, õhukeselt viilutatud
- Kaunistuseks kapparid
- Kaunistuseks värske till
- Sidruni viilud

JUHISED:
a) Määri igale röstitud bagelipoolele toorjuust.
b) Kõige peale tõsta suitsulõhe, punase sibula viilud ja kapparid.
c) Kaunista värske tilliga.
d) Serveeri sidruniviiludega küljel.

15.Mānuka mee ja ingveri tee

KOOSTISOSAD:
- 2 tassi kuuma vett
- 2 tl Mānuka mett
- 1-tolline tükk värsket ingverit, õhukeselt viilutatud
- Poole sidruni mahl

JUHISED:
a) Valage kruusi kuuma vett.
b) Lisa Mānuka mesi ja sega kuni lahustumiseni.
c) Lisa ingveriviilud ja lase 5-7 minutit tõmmata.
d) Pigista tee sisse sidrunimahl.
e) Segage ja nautige seda rahustavat Mānuka mee ja ingveri teed.

16.Sealiha ja Puha hommikusöögihašš

KOOSTISOSAD:
- 1 tass keedetud ja tükeldatud sealiha
- 2 tassi tükeldatud kartulit, aurutatud
- 1 tass puha lehti (või asenda spinatiga)
- 1 sibul, peeneks hakitud
- 2 küüslauguküünt, hakitud
- Sool ja pipar maitse järgi
- Oliiviõli toiduvalmistamiseks

JUHISED:
a) Kuumuta pannil oliiviõli keskmisel kuumusel.
b) Lisa hakitud sibul ja küüslauk, prae pehmeks.
c) Lisa kuubikuteks lõigatud sealiha ja kartul, küpseta pruuniks.
d) Sega juurde puha lehed ja küpseta närbumiseni.
e) Maitsesta soola ja pipraga ning serveeri kuumalt.

17. Hangi hommikusöögipakend

KOOSTISOSAD:
- 4 suurt jahutortillat
- 1 tass järelejäänud Hangi liha (kana, lambaliha või sealiha)
- 1 tass keedetud kumara (maguskartul), kuubikuteks lõigatud
- 1 tass keedetud spinatit
- 1/2 tassi riivitud juustu
- Sool ja pipar maitse järgi

JUHISED:
a) Soojendage tortillasid kuival pannil või mikrolaineahjus.
b) Laota igale tortillale Hangi liha, kumara, spinat ja juust.
c) Maitsesta soola ja pipraga.
d) Murra tortilla küljed täidise peale, et tekiks mähis.
e) Kuumuta pannil, kuni juust sulab.
f) Serveeri soojalt.

18.Soolased juustutükid

KOOSTISOSAD:
- 2 tassi isekerkivat jahu
- 1/2 tl küpsetuspulbrit
- 1/2 teelusikatäit soola
- 50 g võid, kuubikuteks
- 1 tass riivjuustu (Ccheddar sobib hästi)
- 1/2 tassi piima
- 1/2 tassi tavalist jogurtit
- hakitud murulauk või ürdid (valikuline)

JUHISED:
a) Kuumuta ahi 220°C (200°C ventilaatoriga) ja vooderda ahjuplaat küpsetuspaberiga.
b) Sega suures kausis isekerkiv jahu, küpsetuspulber ja sool.
c) Hõõruge võiga, kuni segu meenutab riivsaia.
d) Sega juurde riivjuust ja murulauk või ürdid, kui kasutad.
e) Lisa piim ja jogurt, sega, kuni need segunevad.
f) Tõsta lusikatäied tainast ettevalmistatud ahjuplaadile.
g) Küpseta 12-15 minutit või kuni kuldpruunini.

SUUPÄID JA SUUPÖÖD

19. Sibulakaste

KOOSTISOSAD:
- 1 purk vähendatud koort
- 1 kotike sibulasuppi
- 1 tl äädikat

JUHISED:
a) Pane koor kaussi ja sega hulka sibulasupisegu ja äädikas.
b) Aseta tunniks ajaks külmkappi või kuni see on paks ja külm.

20.Mānuka mee röstsai Ricottaga

KOOSTISOSAD:
- 4 viilu teie lemmikleiba
- 1 tass ricotta juustu
- Mānuka mesi (maitse järgi)
- Katteks värsked marjad

JUHISED:
a) Rösti leivaviilud oma maitse järgi.
b) Määri igale viilule rikkalik kiht ricottat.
c) Nirista ricottale Mānuka mett.
d) Tõsta peale värsked marjad ja serveeri.

21.Kiivide salsa röstsaial

KOOSTISOSAD:
- 4 viilu täisteraleiba, röstitud
- 4 küpset kiivi, kooritud ja kuubikuteks lõigatud
- 1/2 punast sibulat, peeneks hakitud
- 1/2 punast paprikat, tükeldatud
- 1/4 tassi värsket koriandrit, hakitud
- 1 laimi mahl
- Sool ja pipar maitse järgi

JUHISED:
a) Sega kausis kuubikuteks lõigatud kiivid, punane sibul, punane paprika, koriander, laimimahl, sool ja pipar.
b) Sega hästi ja lase paar minutit seista.
c) Tõsta lusikaga kiivisalsat röstitud saiaviiludele ja serveeri.

22. Hokey pokey

KOOSTISOSAD:
- 1/2 tl võid
- 5 spl suhkrut
- 2 supilusikatäit kuldset siirupit
- 1 tl söögisoodat

JUHISED:
a) Määri ahjuvorm võiga ja jäta kõrvale.
b) Valage suhkur ja kuldne siirup kastrulisse.
c) Sega tasasel tulel pidevalt, kuni suhkur lahustub.
d) Tõsta kuumust ja lase keema tõusta.
e) Keeda 2 minutit ja sega aeg-ajalt, et vältida kõrbemist.
f) Lisa söögisoodat ja sega kiiresti, kuni segu vahutab.
g) Vala kohe võiga määritud vormi ja jäta jahtuma ja kõvaks. Murra tükkideks.

23.Uus-Meremaa väljakud

KOOSTISOSAD:
RUUTIDE KOHTA:
- ¼ tassi heledat margariini
- ½ tassi suhkrut
- 1 spl kakaod
- 1 muna
- ½ naela Grahami kreekeripuru
- 1 tl vanilli
- ¾ tassi rosinaid, leotatud ja nõrutatud

ŠOKOLAADI KLASSIKS:
- Koostisosad teie eelistatud šokolaadiglasuuri retsepti jaoks.

JUHISED:
RUUTIDE KOHTA:
a) Sulata kastrulis hele margariin, suhkur ja kakao kihisemiseni.
b) Tõsta segu tulelt ja lisa korralikult vahustades muna.
c) Lisa Grahami kreekeripuru, vanill ja leotatud, nõrutatud rosinad. Segage, kuni see on hästi segunenud.
d) Paki segu võiga määritud 8x8 koogivormi.

ŠOKOLAADI KLASSIKS:
e) Valmistage oma eelistatud šokolaadiglasuur vastavalt retsepti juhistele.
f) Kata koogivormi pakitud segu šokolaadiglasuuriga.
g) Pane pann külmkappi, et ruudud taheneks.

24.Valge sööt Fritterid

KOOSTISOSAD:
- 1 tass valget sööta (Uus-Meremaalt leitud väike kala)
- 2 muna
- Sool ja pipar maitse järgi
- 2 spl jahu
- Või praadimiseks

JUHISED:
a) Klopi kausis kergelt lahti munad.
b) Lisa munadele valgesööt, sool, pipar ja jahu. Sega õrnalt.
c) Kuumuta võid praepannil keskmisel kuumusel.
d) Lusikaga väikestes kogustes segu pannile, et moodustada fritüürid.
e) Küpseta mõlemalt poolt kuldpruuniks.
f) Serveeri kuumalt koos sidrunipigistusega.

25.Southlandi juusturullid

KOOSTISOSAD:
- 2 pätsi – leib (viilutatud)
- 200 g (7 untsi) - colby juust (riivitud)
- 150 g (5,3 untsi) - parmesani juust (riivitud)
- 1 purk – aurutatud piim
- 1 tass - koor
- 1 kotike – sibulasupp
- 1 - sibul (peeneks hakitud)
- 2 tl - sinep
- Määri või või (katteks)

JUHISED:
a) Sega kausis juust, aurutatud piim, koor, supisegu, sibul ja sinep.
b) Kuumuta mikrolaineahjus 4-6 minutit, aeg-ajalt segades.
c) Pane mõneks minutiks külmkappi jahtuma.
d) Määri juustusegu ühele viilutatud leivapoolele.
e) Rulli iga viil spiraaliks ja aseta küpsetusplaadile.
f) Määri võid või võid iga juusturulli peale.
g) Rösti ahjus 15 minutit või kuni see on kergelt pruunistunud.

26.Juust ja Marmite Rullid

KOOSTISOSAD:
- 2 tassi isekerkivat jahu
- 1 tass riivitud Cheddari juustu
- 1 spl Marmite (või Vegemite)
- 1 tass piima
- 50 g võid, sulatatud
- Katteks ekstra riivjuust

JUHISED:
a) Kuumuta ahi 220°C-ni (200°C ventilaatoriga) ja vooderda küpsetusplaat küpsetuspaberiga.
b) Sega kausis isekerkiv jahu, riivjuust ja Marmite.
c) Lisa piim ja sega, kuni moodustub pehme tainas.
d) Tõsta tainas jahusel pinnale ja sõtku kergelt läbi.
e) Rulli tainas ristkülikuks, pintselda sulavõiga ja puista peale veel riivjuust.
f) Rulli tainas pikemast küljest lahti ja lõika viiludeks.
g) Aseta viilud ahjuplaadile ja küpseta 15-20 minutit või kuni need on kuldpruunid.

27.Kumara (maguskartuli) krõpsud Aioliga

KOOSTISOSAD:
- 2 suurt kumarat (maguskartul), kooritud ja viilutatud õhukesteks ribadeks
- 2 spl oliiviõli
- Sool ja pipar maitse järgi
- Aioli jaoks: 1/2 tassi majoneesi, 2 küüslauguküünt (hakitud), 1 spl sidrunimahla, soola ja pipart

JUHISED:
a) Kuumuta ahi 200°C-ni (180°C ventilaatoriga).
b) Viska kumara ribad oliiviõli, soola ja pipraga.
c) Laota kumara küpsetusplaadile ühe kihina.
d) Küpseta 20-25 minutit või kuni krõbedaks, poole peal keerake.
e) Aioli jaoks sega kausis majonees, hakitud küüslauk, sidrunimahl, sool ja pipar.
f) Serveeri kumara krõpsud koos aioliga küljel.

28.Rohelised huulekarbi Fritterid

KOOSTISOSAD:
- 1 tass värskeid rohelisi huulekarpe, riivitud ja tükeldatud
- 1 tass isekerkivat jahu
- 1 muna
- 1/2 tassi piima
- 1/4 tassi hakitud värsket peterselli
- Sool ja pipar maitse järgi
- Serveerimiseks sidruniviilud

JUHISED:
a) Vahusta kausis jahu, muna ja piim taigna saamiseks.
b) Sega juurde hakitud rannakarbid ja petersell ning maitsesta soola ja pipraga.
c) Kuumuta praepann keskmisel kuumusel ja lisa lusikatäied taignast, et tekiks fritüürid.
d) Küpseta mõlemalt poolt kuldpruuniks.
e) Serveeri sidruniviiludega.

29.Paua (Abalone) Fritterid

KOOSTISOSAD:
- 1 tass hakitud paua (abalone)
- 1 tass jahu
- 1 muna
- 1/2 tassi piima
- 1/4 tassi hakitud rohelist sibulat
- Sool ja pipar maitse järgi
- Serveerimiseks sidruniviilud

JUHISED:
a) Sega kausis hakitud paua, jahu, muna, piim, roheline sibul, sool ja pipar.
b) Kuumuta pann keskmisel kuumusel ja tõsta lusikaga taignast fritüürid.
c) Küpseta mõlemalt poolt kuldpruuniks.
d) Serveeri sidruniviiludega.

30.Spinati ja feta rattad

KOOSTISOSAD:
- 2 lehttainast, sulatatud
- 1 tass hakitud värsket spinatit
- 1/2 tassi murendatud fetajuustu
- 1/4 tassi piinia pähkleid
- 1 muna (klopitud, munade pesemiseks)

JUHISED:
a) Kuumuta ahi 200°C (180°C ventilaatoriga) ja vooderda ahjuplaat küpsetuspaberiga.
b) Rulli lehttaignalehed lahti.
c) Laota saiale ühtlaselt hakitud spinat, feta ja piiniapähklid.
d) Rulli tainalehed tihedalt rulli, et moodustuks palk.
e) Lõika ratasteks ja aseta need ahjuplaadile.
f) Pintselda lahtiklopitud munaga.
g) Küpseta 15-20 minutit või kuni kuldpruunini.

31.Sealiha ja kressi vorstirullid

KOOSTISOSAD:
- 500 g sealiha vorstiliha
- 1 tass värsket vesikressi, tükeldatud
- 2 lehttainast, sulatatud
- 1 muna (klopitud, munade pesemiseks)
- Seesamiseemned puistamiseks

JUHISED:

a) Kuumuta ahi 200°C (180°C ventilaatoriga) ja vooderda ahjuplaat küpsetuspaberiga.
b) Sega kausis kokku sealihavorstiliha ja tükeldatud kress.
c) Lõika lehttaignalehed pooleks.
d) Tõsta lusikaga vorsti ja kressi segu piki iga kondiitririba keskosa.
e) Rulli tainas, ümbritsedes täidisega, ja aseta küpsetusplaadile õmbluspool allapoole.
f) Määri pealt lahtiklopitud munaga ja puista peale seesamiseemneid.
g) Küpseta 20-25 minutit või kuni kuldpruunini.

32.NZ Liha Pirukas Hammustab

KOOSTISOSAD:
- 1 tass veise- või lambahakkliha
- 1 sibul, peeneks hakitud
- 1 porgand, riivitud
- 2 spl tomatipastat
- 1 tl Worcestershire'i kastet
- Sool ja pipar maitse järgi
- Mini saiakestad

JUHISED:
a) Pruunista pannil hakkliha ja sibul.
b) Lisa riivitud porgand, tomatipasta, Worcestershire'i kaste, sool ja pipar. Küpseta, kuni see on hästi segunenud.
c) Tõsta segu lusikaga minitaignakarpidesse.
d) Küpseta kondiitrijuhiste järgi kuldpruuniks.

33.Lambaliha Koftas piparmündijogurti kastmega

KOOSTISOSAD:
- 500 g jahvatatud lambaliha
- 1 sibul, peeneks hakitud
- 2 küüslauguküünt, hakitud
- 1 tl jahvatatud köömneid
- 1 tl jahvatatud koriandrit
- Sool ja pipar maitse järgi
- Puidust vardas (vees leotatud)
- Kaunistuseks värsked piparmündilehed

JUHISED:
a) Kuumuta grill või grill.
b) Sega kausis kokku jahvatatud lambaliha, hakitud sibul, hakitud küüslauk, jahvatatud köömned, jahvatatud koriander, sool ja pipar.
c) Vormi segust leotatud varraste ümber väikesed vorstivormid.
d) Grilli 10-15 minutit, aeg-ajalt keerates, kuni see on küps.
e) Kaunista värskete piparmündilehtedega ja serveeri piparmündijogurti dipikastmega.

34. Suitsutatud Kahawai Pâté

KOOSTISOSAD:
- 200g suitsutatud kahawaid (või muud suitsukala), helbed
- 1/2 tassi toorjuustu
- 2 spl hapukoort
- 1 spl sidrunimahla
- 1 tl mädarõigast
- Sool ja pipar maitse järgi
- Kaunistuseks hakitud murulauk

JUHISED:
a) Sega köögikombainis suitsukahawai, toorjuust, hapukoor, sidrunimahl ja mädarõigas.
b) Töötle ühtlaseks. Maitsesta soola ja pipraga.
c) Tõsta vähemalt 1 tunniks külmkappi.
d) Kaunista hakitud murulaukuga ja serveeri kreekeritega.

35.Mānuka mee ja rosmariiniga röstitud mandlid

KOOSTISOSAD:
- 2 tassi tooreid mandleid
- 2 supilusikatäit Mānuka mett
- 1 spl oliivõli
- 1 spl värsket rosmariini, hakitud
- Meresool maitse järgi

JUHISED:

a) Kuumuta ahi 180°C-ni (160°C ventilaatoriga) ja vooderda küpsetusplaat küpsetuspaberiga.
b) Sega kausis kokku mandlid, Mānuka mesi, oliivõli ja hakitud rosmariin.
c) Laota mandlisegu ühe kihina ahjuplaadile.
d) Puista peale meresoola.
e) Küpseta 15-20 minutit, aeg-ajalt segades, kuni mandlid on kuldpruunid.
f) Enne serveerimist lase jahtuda.

36.Krevettide kokteil

KOOSTISOSAD:
- 200 g keedetud krevette, kooritud ja tükeldatud
- Jääsalat, hakitud
- Kokteilikaste: 1/2 tassi majoneesi, 2 spl tomatiketšupit, 1 spl sidrunimahla, maitse järgi Worcestershire'i kastet
- Serveerimiseks sidruniviilud

JUHISED:
a) Laota serveerimistaldrikutele rebitud jääsalat.
b) Kõige peale tõsta keedetud krevetid.
c) Segage väikeses kausis maitse järgi majonees, tomatiketšup, sidrunimahl ja Worcestershire'i kaste.
d) Nirista krevettidele kokteilikastet.
e) Serveeri sidruniviiludega küljel.

37.Sealiha ja kapsa pelmeenid

KOOSTISOSAD:
- 250 g sealiha jahvatatud
- 1 tass peeneks hakitud kapsast
- 2 rohelist sibulat, peeneks hakitud
- 1 küüslauguküüs, hakitud
- 1 tl ingverit, riivitud
- Sojakaste ja seesamiõli maitse järgi
- Pelmeeni ümbrised

JUHISED:
a) Sega kausis kokku jahvatatud sealiha, hakitud kapsas, roheline sibul, küüslauk, ingver, sojakaste ja seesamiõli.
b) Asetage lusikatäis segu igale pelmeeniümbrisele.
c) Sule pelmeenid ja auruta või prae pannil, kuni need on küpsed.
d) Serveeri dippimiseks sojakastmega.

38.Grillitud suvikõrvits ja fetavardad

KOOSTISOSAD:
- Suvikõrvits, viilutatud ringideks
- kirsstomatid
- Feta juust, kuubikuteks
- Oliiviõli
- Sidrunimahl
- Värske piparmünt, hakitud
- Sool ja pipar maitse järgi

JUHISED:
a) Lõika varrastele suvikõrvitsaringid, kirsstomatid ja fetakuubikud.
b) Kastme valmistamiseks sega oliiviõli, sidrunimahl, hakitud piparmünt, sool ja pipar.
c) Grilli vardaid, kuni suvikõrvits on pehme ja kergelt söestunud.
d) Enne serveerimist nirista peale kaste.

PÕHIROOG

39. Linguine Uus-Meremaa kukeseentega

KOOSTISOSAD:
- 1 nael linguine (keetmata)
- 1/4 tassi ekstra neitsioliiviõli
- 5 küüslauguküünt (peeneks hakitud)
- 3 kuivatatud tšillit
- 3/4 tassi värsket lamedat lehtperselli (jämedalt hakitud)
- 1 sidrun
- 1/8 tl. jämesool
- 1 näputäis värskelt jahvatatud pipart
- 3 naela kukeseened (Uus-Meremaa, põhjalikult nühitud)
- 1 spl. punase veini äädikas
- 6 värsket basiilikulehte (suured, õhukeselt viilutatud)

JUHISED:

a) Küpseta linguine vastavalt pakendi juhistele kuni al dente. Nõruta ja tõsta kõrvale.

b) Kuumuta suurel pannil keskmisel kuumusel oliiviõli. Lisa peeneks hakitud küüslauk ja kuivatatud tšilli. Prae kuni küüslauk on lõhnav ja kuldpruun.

c) Sega juurde hakitud petersell ja sidrunikoor. Maitsesta jämeda soola ja värskelt jahvatatud pipraga. Küpseta veel 1-2 minutit.

d) Lisa pannile põhjalikult kooritud kukeseened. Vala sisse punase veini äädikas. Kata pann kaanega ja küpseta, kuni kukeseened avanevad, umbes 4-5 minutit.

e) Kui kukeseened on avanenud, lisage keedetud linguine pannile. Sega kõik kokku ja kata linguine maitseka seguga.

f) Serveerige Linguine koos Uus-Meremaa kukeseentega eraldi kaussides. Kaunista soovi korral õhukesteks viilutatud basiilikulehtede ja sidrunimahla pigistamisega.

40.Uus-Meremaa lõhe sidrunivõies

KOOSTISOSAD:
- 6 naela värsket lõhet
- 6 spl Võid
- 3 sidrunit
- soola
- Pipar

JUHISED:
a) Puhastage lõhe ja eemaldage pea, saba ja uimed.
b) Lõika lõhe 1 naela suurusteks steigideks (mitte fileeks).
c) Asetage üks lõhepraad tugeva fooliumilehele.
d) Pigista lõhele poole sidruni mahl.
e) Määri lõhele 1 spl võid.
f) Maitsesta soola ja pipraga.
g) Mähi lõhepraad tihedalt fooliumisse, luues veekindla tihendi. Korrake iga praadiga.
h) Keeda fooliumisse mähitud lõhepakendeid vees 20 minutit.
i) Eemaldage pakendid veest ja asetage tunniks sügavkülma.
j) Pärast külmutamist jahutage veel 2 tundi.
k) Kui olete serveerimiseks valmis, keerake lõhepihvid ettevaatlikult lahti ja asetage need suurele vaagnale.
l) Kata lõhe sooja Hollandaise kastmega.
m) Serveeri lõhet koos uute piparmündilehtedega keedetud beebikartulitega.
n) Lisa taldrikule värskeid aedherneid.

41. Marineeritud Uus-Meremaa lambaliha grillil

KOOSTISOSAD:
- 1 kondita lambajalg
- ½ tassi sidrunimahla
- ½ tassi õli
- ½ tassi valget veini
- 1 tl Purustatud küüslauk
- 1 tl Sool
- 1 tl Kuivatatud rosmariini
- 1 tl Pipar
- 1 spl punase pipra helbed

JUHISED:
a) Aseta kondita lambaliha marineerimisnõusse.
b) Sega kausis sidrunimahl, õli, valge vein, purustatud küüslauk, sool, kuivatatud rosmariin, pipar ja punase pipra helbed.
c) Valage marinaad lambalihale, tagades, et see on hästi kaetud.
d) Marineerige lambaliha külmkapis pikemat aega, ideaaljuhul nädal aega, et maitsed saaksid imbuda.
e) Eelsoojenda Weberi veekeetja grill kaanega ja õhutusavad peaaegu suletud.
f) Grilli marineeritud lambaliha kaanega 15-20 minutit mõlemalt poolt.
g) Reguleerige grillimisaega vastavalt soovitud küpsusastmele. Lambaliha paksus võib anda erineva küpsusastme, pakkudes nii hästi läbiküpsenud kui ka keskmiselt haruldasi portsjoneid.
h) Pärast täiuslikku grillimist eemaldage lambaliha grillilt ja laske sellel paar minutit puhata.
i) Viiluta lambaliha ja serveeri seda oma külalistele.

42.Uus-Meremaa härjasabahautis

KOOSTISOSAD:
- 1 härjasaba
- 1 unts Crisco
- 1 unts jahu
- 2 sibulat
- 2 porgandit
- 2 veisepuljongikuubikut
- 2 tassi keeva vett
- Sool ja pipar maitse järgi

Juhised:
a) Eraldage härjasaba.
b) Rulli iga tükk jahus.
c) Kuumuta potis Crisco.
d) Pruunista kuumas rasvas jahuga puistatud härjasabatükid.
e) Kui see on pruunistunud, eemalda härjasaba potist.
f) Pruunista ülejäänud rasvas viilutatud sibul ja porgand.
g) Pane pruunistatud härjasaba ja köögiviljad kastrulisse.
h) Lisa maitse järgi soola ja pipart.
i) Lahusta veisepuljongikuubikud keevas vees.
j) Vala kastrulisse nii palju veisepuljongivedelikku, et see kataks liha ja köögiviljad.
k) Hauta hautist 3 tundi, lastes maitsetel sulada ja härjasabal pehmeks muutuda.

43. Ahjus pošeeritud Uus-Meremaa Punane Ahven

KOOSTISOSAD:

- 2 Uus-Meremaa Punane Ahven fileed (umbes 2 1/2 naela)
- 4 untsi roheline suvikõrvits, õhukeseks viilutatud
- 4 untsi Kollane squash, õhukeseks viilutatud
- 8 oksakest tervet piparmündi
- 2 tassi kalapuljongit
- 1 tass valget veini
- 2 spl Võid
- 4 supilusikatäit ekstra neitsioliiviõli
- 1 unts sidrunimahla
- 4 tl Värske piparmünt, julieneeritud
- Sool ja pipar maitse järgi

JUHISED:
VALMISTA KALApuljong:
a) Fileerige Uus-Meremaa Punane Ahvens ja pange kõrvale.
b) Asetage kalaskelett kastrulisse, katke veega, lisage näpuotsaga soola ja hautage 45 minutit.
c) Kurna puljong ja tõsta kõrvale.
d) Kuumuta ahi 400 kraadi Fahrenheiti järgi.
e) Laota ahjupannile Punane Ahveni fileed ning maitsesta soola ja valge pipraga.
f) Lisa ahjupannile viilutatud suvikõrvits, viilutatud kollane kõrvits, piparmündioksad, kalapuljong, valge vein, või ja ekstra neitsioliiviõli.
KÜPSETA:
g) Küpseta umbes 10-12 minutit või kuni kala on küps.
h) Eemalda fileed ahjuvormilt ja laota ovaalsele serveerimisvormile. Visake piparmündioksad ära.
i) Vähenda küpsetuspannil olevat puljongit, kuni see veidi pakseneb.
j) Lisa sidrunimahl ja julieneeritud värske piparmünt vähendatud puljongile maitse järgi.
k) Vala valmis kaste plaaditud fileedele.
l) Kaunista värskete piparmündiokstega.

44. Röstitud Uus-Meremaa lõhe mangosalsaga

KOOSTISOSAD:
Vürtsisegu jaoks:
- 6 Uus-Meremaa lõhefileed (igaüks 160 g), nahk eemaldatud
- 4 tassi beebisalati lehtede segu
- Oliiviõli ja palsamiäädikas
- ½ punast paprikat, peeneks hakitud
- 2 Värsket tšillit, hakitud
- 1 küüslauguküüs, hakitud
- 1 tl Cajuni vürtse
- 1 tl magusat (ungari) paprikat
- 1 tl Jahvatatud koriander
- 1 tl Kuivatatud basiiliku lehti
- 1 spl mett
- 2 spl sidrunimahla
- 2 spl viinamarjaseemneõli

MANGO SALSA KOHTA:
- ½ punast paprikat, peeneks hakitud
- ½ tassi keedetud Hiina musti ube
- 1 küüslauguküüs, hakitud
- 2 šalottsibul, peeneks hakitud
- 1 kõva mango, tükeldatud
- 2 tl marineeritud ingverit
- 2 tl Värsket koriandrit, hakitud
- 1 tl Jahvatatud köömned
- 2 spl peeneks tükeldatud kurki
- 1 tl kapparid
- 1 spl Hakitud murulauk
- 1 sidrun, mahl

JUHISED:
Vürtsiga röstitud lõhe jaoks:
a) Sega segistis või köögikombainis punane paprika, värske tšilli, küüslauk, Cajuni vürtsid, magus paprika, jahvatatud koriander, kuivatatud basiilikulehed, mesi, sidrunimahl ja viinamarjaseemneõli. Töötle kuni moodustub pasta.
b) Hõõruge vürtsipastaga iga lõhefilee mõlemale küljele, lastes neil maitsed imenduda. Kõrvale panema.

MANGO SALSA KOHTA:
c) Sega kausis kokku hakitud punane paprika, mustad oad, küüslauk, šalottsibul, tükeldatud mango, marineeritud ingver, värske koriander, jahvatatud köömned, kuubikuteks lõigatud kurk, kapparid, murulauk ja sidrunimahl. Maitsesta soola ja pipraga maitse järgi.
d) Kõrvale panema.

KOOSTAMINE:
e) Kuumuta ahi 220°C-ni.
f) Kuumuta ahjukindlal pannil veidi oliiviõli. Prae lõhefileed mõlemalt poolt, kuni need omandavad sügavkuldse värvuse.
g) Tõsta praepann koos lõhega eelkuumutatud ahju ja rösti 3-5 minutit, olenevalt soovitud küpsusastmest.
h) Vahepeal pange beebisalati lehtede segu oliiviõli, palsamiäädika, soola ja pipraga.
i) Aseta kuuele taldrikule riietatud salatilehed.
j) Eemaldage röstitud lõhe ahjust ja asetage need salatilehtedele.
k) Tõsta iga lõhefilee peale helde lusikatäis mangosalsat.

45.Grillitud Uus-Meremaa võikala oasalat

KOOSTISOSAD:
VÕIKALA KOHTA:
- 6 suurt kondita võikala fileed
- 1 tl kuivatatud tšillihelbeid
- 110 grammi helepruuni suhkrut
- 2 tl heledat sojakastet
- 4 tl sidrunimahla
- ¼ teelusikatäit peeneks jahvatatud pipart

OASALATI JAOKS:
- 100 grammi mange Tout, rohelisi ube, ube ja suhkrut
- Sidrunimahl
- Meresool
- Ekstra neitsioliiviõli

MAGUS TŠILILASUUR:
- 1 tl kuivatatud tšillihelbeid
- 110 grammi helepruuni suhkrut
- 2 tl heledat sojakastet
- 4 tl sidrunimahla
- ¼ teelusikatäit peeneks jahvatatud pipart

JUHISED:
MAGUS TŠILILASUUR:
a) Sega väikesel pannil glasuuri jaoks kokku kuivatatud tšillihelbed, helepruun suhkur, hele sojakaste, sidrunimahl ja peeneks jahvatatud piment.
b) Kuumuta segu keemiseni, keeda, kuni see hakkab paksenema, ja tõsta siis tulelt.

GRILLID VÕIKALA:
c) Aseta võikalafileed, nahk üleval, õlitatud fooliumitükile kuuma grilli alla 2 minutiks ühelt poolt.
d) Keera fileed ümber ja grilli veel minut aega.
e) Pintselda fileed magusa tšilliglasuuriga ja tõsta tagasi grillile, kuni glasuur hakkab lihtsalt "kõrbema".
f) Küpsetusaeg võib sõltuvalt filee paksusest erineda; eesmärk on hoida kala haruldane keskel.
g) Tõsta aluselt ja aseta oapeenrale.

OASALAT:
h) Blanšeerige igat tüüpi ube kergelt eraldi, kuni need on küpsed, kuid siiski krõmpsud.
i) Värskendage blanšeeritud ube külma vee all.
j) Kastke oad sidrunimahla, meresoola ja ekstra neitsioliiviõliga.
k) Laota grillitud võikala ubade peenraga taldrikule.
l) Kaunista soovi korral täiendava magusa tšilliglasuuriga.
m) Serveerige rooga kohe, nautides grillitud võikala ja värskendava oasalati maitsvat kombinatsiooni.

46.Lambaliha mee-sinepikastmega

KOOSTISOSAD:
- 5 naela Lamba õlg (konditustatud, rullitud ja seotud)
- ¼ tassi õli
- 2 teelusikatäit soola
- ½ tl pipart
- 2 tassi mee-sinepikastet

JUHISED:
a) Kuumuta ahi temperatuurini 350 °F.
b) Hõõru lambaõla õliga.
c) Puista peale soola ja pipraga.
d) Rösti lambaliha eelsoojendatud ahjus poolteist tundi.
e) Viimase 15 röstimisminuti jooksul pintselda lambaliha meesinepikastmega iga 5 minuti järel.
f) Vahetult enne serveerimist pintselda veel kord.
g) Serveeri lambaprae koos järelejäänud meesinepikastmega.

47.Uus-Meremaa pastlad

KOOSTISOSAD:
küpsetised
- 8 untsi jahu
- 2 untsi Crisco
- 2 untsi võid (või margariini)
- 1 näputäis soola
- 2 kuni 3 supilusikatäit vett (umbes)

TÄITMINE:
- 4 untsi peeneks tükeldatud TOOR kartul
- 4 untsi jahvatatud veiseliha
- 2 untsi hakitud sibulat
- 2 untsi peeneks tükeldatud TOORED porgandid
- 1 unts rohelised herned (valikuline)

JUHISED:
Saia jaoks:
a) Sõelu jahu ja sool kaussi.
b) Hõõruge Crisco ja võiga, kuni on saavutatud liivane tekstuur.
c) Tee keskele lohk ja lisa vesi.
d) Käsitse tainast võimalikult vähe ja kergelt.
e) Mähi küpsetis määrdepaberisse ja pane 24 tunniks külmkappi.

Täidise jaoks:
f) Rulli tainas umbes ⅛" paksuseks.
g) Lõika küpsetis 5-tollise läbimõõduga ringideks, kasutades juhendina tassi.
h) Sega kausis omavahel peeneks tükeldatud toores kartul, veisehakkliha, hakitud sibul, peeneks hakitud toores porgand ja rohelised herned (kui kasutad).
i) Niisutage iga tainaringi keskosa vähese veega ja asetage keskele lusikatäis täidist, jälgides, et see moodustaks kuhja, mitte ei lameneks.
j) Niisuta saia servad lahtiklopitud munaga.
k) Voldi tainas pooleks ja vääna servad läbi.
l) Tõstke pastad üles nii, et vooder moodustaks ülaosale risti, ja vajutage sõrmedega, et luua dekoratiivsel eesmärgil laineline õmblus.
m) Määri iga pasta väljast lahtiklopitud munaga.

Küpsetamine:
n) Kuumuta ahi 275 kraadini Fahrenheiti.
o) Küpseta küpsetisi ¾ kuni 1 tund või kuni küpsetis on kenasti pruunistunud.

48.Lambapraad rosmariini ja küüslauguga

KOOSTISOSAD:
- 1 talle jalg (umbes 2-3 kg)
- 4 küüslauguküünt, viilutatud
- Värsked rosmariinioksad
- Oliiviõli
- Sool ja pipar maitse järgi
- 1 tass punast veini (valikuline)
- 1 tass veise- või köögiviljapuljongit

JUHISED:
a) Kuumuta ahi 180°C-ni (160°C ventilaatoriga).
b) Tee lambalihale väikesed sisselõiked ning sisesta küüslaugu- ja rosmariinioksad.
c) Hõõru lambaliha oliiviõliga ning maitsesta soola ja pipraga.
d) Aseta lambaliha röstimispannile. Vala peale punane vein ja puljong.
e) Rösti ahjus umbes 25 minutit kilogrammi kohta keskmise-haruldase puhul.
f) Määri lambaliha aeg-ajalt pannimahlaga.
g) Laske lambal enne nikerdamist 15 minutit puhata.

49. Hangi stiilis kana ja köögiviljad

KOOSTISOSAD:
- 4 kanakintsu
- 4 kartulit, kooritud ja poolitatud
- 4 porgandit, kooritud ja poolitatud
- 1 suur kumara (bataat), kooritud ja viilutatud
- 1 tass kõrvitsat, kooritud ja kuubikuteks lõigatud
- 1 sibul, kooritud ja neljaks lõigatud
- 2 spl sulatatud võid
- Sool ja pipar maitse järgi
- 1 tl jahvatatud köömneid
- 1 tl suitsupaprikat

JUHISED:
a) Kuumuta ahi 200°C-ni (180°C ventilaatoriga).
b) Asetage kana ja köögiviljad suurele röstimispannile.
c) Nirista peale sulavõi ning puista peale soola, pipart, köömneid ja suitsupaprikat.
d) Rösti umbes 45-60 minutit või kuni kana on läbi küpsenud ja köögiviljad pehmed.

50.Rohelise huulekarbi paella

KOOSTISOSAD:
- 2 tassi Arborio riisi
- 1/2 kg roheliste huulte rannakarpe, puhastatud ja habeme eemaldatud
- 1 sibul, peeneks hakitud
- 2 küüslauguküünt, hakitud
- 1 punane paprika, tükeldatud
- 1 tomat, tükeldatud
- 1 tl suitsupaprikat
- 1/2 tl safrani niidid
- 4 tassi kala- või köögiviljapuljongit
- 1/2 tassi kuiva valget veini
- Kaunistuseks värske petersell

JUHISED:
a) Prae paella pannil sibul ja küüslauk pehmeks.
b) Lisa riis, paprika, tomat, suitsupaprika ja safran. Küpseta paar minutit.
c) Vala juurde valge vein ja lase aurustuda.
d) Lisa puljong ja lase keema tõusta.
e) Asetage rannakarbid riisi peale ja küpseta, kuni riis on pehme ja rannakarbid avanenud.
f) Enne serveerimist kaunista värske peterselliga.

51.Uus-Meremaa liha- ja seenepirukas

KOOSTISOSAD:
TÄIDISEKS:
- 1/4 tassi (60 ml) taimeõli
- Veidi rohkem kui 1 nael (500 g) veisehakkliha
- 1 sibul, peeneks hakitud
- 2 küüslauguküünt, väga peeneks hakitud
- 2 suurt Portobello seeni, peeneks hakitud
- 2 porgandit, kooritud ja kuubikuteks lõigatud
- 2 sellerivart, nööridest lahti lõigatud ja viilutatud
- 1 väike peotäis peeneks hakitud peterselli
- 1 väike peotäis sellerilehti, peeneks hakitud (või kasutage rohkem peterselli, kui see pole saadaval)
- 1 spl peeneks hakitud värsket pehmet tüümiani
- 1 spl värsket rosmariini, peeneks hakitud
- 1/2 supilusikatäit kuuma inglise sinepit (kasutage 1 supilusikatäit, kui te ei kasuta horopito lehti)
- 2 spl tomatipastat
- 1/4 tl jahvatatud Horopito lehti või maitse järgi (valikuline, kuid soovitatav)
- 1 1/4 teelusikatäit (7 g) Maldoni meresoolahelbeid
- 3 3/4 teelusikatäit (20 g) maisitärklist
- 2 1/2 naela (1,2 kg) või-lehttainast
- 1 tass (120 g) jämedalt riivitud cheddarit
- 1 muna, kergelt lahtiklopitud

Rikkaliku VEISE LIHAVARU KOHTA:
- 1 1/2 supilusikatäit taimeõli
- 10 1/2 untsi (300 g) veiseliha jääke, kuubikuteks lõigatud
- 3 1/2 untsi (100 g) peekonitükk, lõigatud 3 cm kuubikuteks
- 1 sibul, koorimata, õhukesteks viiludeks
- 5 küüslauguküünt, koorimata, poolitatud
- 6 tüümianioksa
- 3 värsket loorberilehte
- 1 tl musta pipra tera
- 1/4 tassi (65 ml) brändit
- 6 1/2 tassi (1 1/2 liitrit) parima kvaliteediga kanapuljongit

JUHISED:
VALMISTA RIKKAS VEISELIHAVARU:
a) Kuumuta suures potis taimeõli ning pruunid veiselihajäägid ja peekon. Lisa viilutatud sibul, küüslauk, tüümian, loorberilehed ja musta pipraterad. Küpseta, kuni sibul on pehme. Lisa brändi ja küpseta, kuni see aurustub.
b) Vala kanapuljong ja hauta umbes 1 tund. Kurna ja tõsta kõrvale.

VALMISTA TÄIDIS:
c) Kuumuta suurel pannil taimeõli. Lisa veisehakkliha ja küpseta pruuniks. Lisa hakitud sibul, küüslauk, seened, porgand ja seller. Küpseta, kuni köögiviljad on pehmed.
d) Sega petersell, sellerilehed, tüümian, rosmariin, sinep, tomatipasta, horopito lehed (kui kasutad) ja sool. Sega hästi.
e) Lahusta maisitärklis väheses vees ja lisa segule. Küpseta, kuni segu pakseneb. Eemaldage kuumusest ja laske jahtuda.

KOKKUVÕTKE PIRK:

f) Kuumuta ahi lehttaigna jaoks soovitatud temperatuurini.
g) Rulli lehttainas lahti ja vooderda pirukavormi põhi. Täida jahtunud lihaseguga, puista peale riivitud cheddar.
h) Kata teise lehttaigna kihiga. Sulgege servad ja pintselda lahtiklopitud munaga.
i) Küpseta eelkuumutatud ahjus, kuni küpsetis on kuldpruun ja läbi küpsenud.
j) Serveerige Uus-Meremaa lihapirukat kuumalt, kastmiseks lisage kõrvale rikkalikku veiselihapuljongit.

52.Roheline karri Pāua (Abalone) Sega-Praadida

KOOSTISOSAD:
- 1 tass hakitud paua (abalone)
- 2 spl rohelist karripastat
- 1 purk (400 ml) kookospiima
- 1 tass köögiviljasegu (paprika, lumehernes, porgand)
- 1 spl kalakastet
- 1 spl sojakastet
- 1 spl pruuni suhkrut
- Kaunistuseks värsked basiilikulehed
- Keedetud jasmiini riis

JUHISED:
a) Kuumuta vokkpannil või pannil väike kogus õli ja prae segades hakitud pāua küpseks.
b) Lisa roheline karripasta ja sega minut aega.
c) Vala sisse kookospiim ja lase keema tõusta.
d) Lisa köögiviljasegud, kalakaste, sojakaste ja fariinsuhkur. Küpseta, kuni köögiviljad on pehmed.
e) Serveeri karrit keedetud jasmiiniriisiga ja kaunista värskete basiilikulehtedega.

53.Grillitud sinine tursk sidruni ja ürdivõiga

KOOSTISOSAD:
- 4 sinist tursafileed
- 4 spl sulatatud võid
- 1 sidruni mahl
- 1 sidruni koor
- 2 spl värskeid ürte (petersell, till), hakitud
- Sool ja pipar maitse järgi

JUHISED:
a) Kuumuta grill või grill.
b) Maitsesta sinised tursafileed soola ja pipraga.
c) Grilli fileed kuni küpsemiseni.
d) Sega väikeses kausis sulatatud või, sidrunimahl, sidrunikoor ja värsked ürdid.
e) Enne serveerimist nirista grillitud sinisele tursale sidruni- ja ürdivõid.

54.Hirveliha ja punase veini pajaroog

KOOSTISOSAD:
- 500g hirvehautist
- 1 sibul, hakitud
- 2 porgandit, kooritud ja viilutatud
- 2 küüslauguküünt, hakitud
- 2 tassi punast veini
- 1 tass veiselihapuljongit
- 2 spl tomatipastat
- 1 spl oliiviõli
- 1 tl kuivatatud tüümiani
- Sool ja pipar maitse järgi

JUHISED:
a) Kuumuta suures pajapotis keskmisel kuumusel oliiviõli.
b) Pruun hirveliha hautis partiidena.
c) Lisa hakitud sibul, porgand ja hakitud küüslauk. Prae, kuni köögiviljad on pehmenenud.
d) Vala sisse punane vein, veisepuljong, tomatipasta, kuivatatud tüümian, sool ja pipar.
e) Kata kaanega ja küpseta ahjus 160°C juures 2-3 tundi või kuni hirveliha on pehme.
f) Serveeri kartulipudru või koorikleivaga.

55. Hāngī stiilis lamba- ja köögiviljahautis

KOOSTISOSAD:
- 500g lambaliha kuubikuteks lõigatud
- 4 kartulit, kooritud ja kuubikuteks lõigatud
- 2 kūmara (maguskartul), kooritud ja kuubikuteks lõigatud
- 2 porgandit, kooritud ja viilutatud
- 1 sibul, hakitud
- 2 küüslauguküünt, hakitud
- 2 tassi veise- või lambalihapuljongit
- 2 tl jahvatatud köömneid
- 2 tl jahvatatud koriandrit
- Sool ja pipar maitse järgi
- Kaunistuseks hakitud värsket piparmünt

JUHISED:
a) Pruunista suures potis kuubikuteks lõigatud lambaliha.
b) Lisa hakitud sibul ja hakitud küüslauk, prae pehmeks.
c) Sega juurde kartul, kūmara, porgand, puljong, jahvatatud köömned ja jahvatatud koriander.
d) Maitsesta soola ja pipraga, kata kaanega ja hauta, kuni lambaliha on pehme ja köögiviljad küpsed.
e) Enne serveerimist kaunista hakitud värske piparmündiga.

56.Rewena Paraoa (maoori leiva) burger

KOOSTISOSAD:
- Veise- või lambalihaburgeri pätsikesed
- Rewena leivaviilud (rewena Paraoa retseptist eelmises vastuses)
- Salati lehed
- Tomati viilud
- Sibularõngad
- Punapeedi viilud
- Sinu lemmik burgerikaste

JUHISED:
a) Grilli või küpseta burgerikotleid oma maitse järgi.
b) Rösti Rewena leiva viilud.
c) Pange burgerid kokku, asetades saiaviilule salatilehe, millele järgneb burgeripihv, tomativiilud, sibularõngad, peediviilud ja oma lemmikkaste.
d) Tõsta peale veel üks viil Rewena leiba.

57.Vähi (Rock Lobster) sabad küüslauguvõiga

KOOSTISOSAD:
- 4 vähisaba, poolitatud
- 1/2 tassi võid, sulatatud
- 4 küüslauguküünt, hakitud
- 2 spl värsket peterselli, hakitud
- Sool ja pipar maitse järgi
- Serveerimiseks sidruniviilud

JUHISED:
a) Kuumuta grill või grill.
b) Sega kausis kokku sulatatud või, hakitud küüslauk, hakitud petersell, sool ja pipar.
c) Pintselda vähisabad küüslauguvõiseguga.
d) Grilli vähisabad, kuni need on läbiküpsenud ja kergelt söestunud.
e) Serveeri sidruniviiludega küljel.

58. Uus-Meremaa roheline karri lambaliha

KOOSTISOSAD:
- 500 g lambaliha, tükeldatud
- 2 spl rohelist karripastat
- 1 purk (400 ml) kookospiima
- 1 tass rohelisi ube, lõigatud
- 1 punane paprika, viilutatud
- 1 tass beebispinatit
- 2 spl kalakastet
- 1 spl pruuni suhkrut
- Serveerimiseks keedetud jasmiiniriis

JUHISED:
a) Pruunista vokkpannil või suurel pannil kuubikuteks lõigatud lambaliha.
b) Lisa roheline karripasta ja sega minut aega.
c) Vala sisse kookospiim, kalakaste ja pruun suhkur. Lase keema tõusta.
d) Lisa rohelised oad ja punane paprika, küpseta, kuni köögiviljad on pehmed.
e) Sega juurde beebispinat, kuni see närbub.
f) Serveeri keedetud jasmiiniriisiga.

59.Hāngī kana täidisega

KOOSTISOSAD:
- 1 terve kana
- 2 tassi täidise segu
- 1 sibul, peeneks hakitud
- 2 spl võid
- Sool ja pipar maitse järgi
- Oliiviõli

JUHISED:
a) Valmista täidis vastavalt pakendi juhistele.
b) Täida kanaõõs ettevalmistatud täidisega.
c) Prae pannil võis hakitud sibul pehmeks.
d) Hõõru kana oliiviõli, soola ja pipraga.
e) Rösti kana ahjus läbiküpseks ja kuldpruuniks.
f) Serveeri koos kõrvaltäidisega.

60. Maoori keetmine

KOOSTISOSAD:
- 500 g seakonte või sea kõhtu
- 1 sibul, hakitud
- 2 kartulit, kooritud ja kuubikuteks lõigatud
- 2 kūmara (maguskartul), kooritud ja kuubikuteks lõigatud
- 1 tass kressi või spinatit
- 1 tass puha lehti (külvi ohakas) või asenda rohkem spinatiga
- 1 tass rohelisi ube, tükeldatud
- Sool ja pipar maitse järgi

JUHISED:
a) Kuumuta suures potis seakondid või sealiha kõht nii palju vees keema, et see kataks.
b) Eemaldage vaht, seejärel lisage hakitud sibul, kuubikuteks lõigatud kartul ja kūmara.
c) Hauta, kuni kartul on peaaegu pehme.
d) Lisa kress, puha lehed ja rohelised oad. Jätkake keetmist, kuni kõik köögiviljad on keedetud.
e) Maitsesta soola ja pipraga.
f) Serveeri kuumalt.

61. Sinine Cod Kala Tacos

KOOSTISOSAD:
- 500g ribadeks lõigatud sinist tursafileed
- 1 tass jahu
- 1 tl küpsetuspulbrit
- 1 tass õlut (laager sobib hästi)
- 1 tl paprikat
- Sool ja pipar maitse järgi
- Maisi tortillad
- Hakitud kapsas
- Viilutatud redis
- Laimi viilud
- Kaunistuseks värske koriander

JUHISED:
a) Taigna valmistamiseks sega kausis jahu, küpsetuspulber, õlu, paprika, sool ja pipar.
b) Kastke sinised tursalibad taignasse, laske üleliigsel maha tilkuda.
c) Prae kaetud kala kuumas õlis kuldpruuniks ja krõbedaks.
d) Soojendage maisitortiljad ja pange tacod kokku hakitud kapsa, kalaribade, viilutatud redise, laimiviilude ja värske koriandriga.

62.Kiivi glasuuritud kana

KOOSTISOSAD:
- 4 kanarinda
- 2 kiivi, kooritud ja purustatud
- 1/4 tassi sojakastet
- 2 supilusikatäit mett
- 2 spl oliiviõli
- 2 küüslauguküünt, hakitud
- 1 tl ingverit, riivitud
- Sool ja pipar maitse järgi
- Kaunistuseks seesamiseemned

JUHISED:
a) Sega kausis püreestatud kiivid, sojakaste, mesi, oliiviõli, hakitud küüslauk, riivitud ingver, sool ja pipar.
b) Marineeri kanarinda kiivisegus vähemalt 30 minutit.
c) Kuumuta grill või grill.
d) Grilli kana, kuni see on täielikult küpsenud, pestes marinaadiga.
e) Enne serveerimist kaunista seesamiseemnetega.

SUPID JA KOHTU

63. Rohelise huulega rannakarp

KOOSTISOSAD:
- 1 kg roheliste huulte rannakarpe, puhastatud ja habeme eemaldatud
- 2 spl võid
- 1 sibul, hakitud
- 2 küüslauguküünt, hakitud
- 2 kartulit, kooritud ja kuubikuteks lõigatud
- 2 porgandit, kooritud ja viilutatud
- 4 tassi kala- või köögiviljapuljongit
- 1 tass koort
- 1 tass piima
- Sool ja pipar maitse järgi
- Kaunistuseks hakitud värsket peterselli

JUHISED:
a) Sulata suures potis või ja prae hakitud sibul ja hakitud küüslauk pehmeks.

b) Lisa kuubikuteks lõigatud kartul, viilutatud porgand ja puljong. Hauta, kuni köögiviljad on pehmed.

c) Lisa puhastatud rannakarbid, koor ja piim. Küpseta, kuni rannakarbid avanevad ja on läbi küpsenud.

d) Maitsesta soola ja pipraga ning kaunista hakitud värske peterselliga.

64. Kumara (maguskartul) ja kõrvitsasupp

KOOSTISOSAD:
- 2 tassi kumara (maguskartul), kooritud ja kuubikuteks lõigatud
- 2 tassi kõrvitsat, kooritud ja kuubikuteks lõigatud
- 1 sibul, hakitud
- 2 küüslauguküünt, hakitud
- 4 tassi köögiviljapuljongit
- 1 tl jahvatatud köömneid
- Sool ja pipar maitse järgi
- Oliiviõli toiduvalmistamiseks
- Kaunistuseks hapukoor ja murulauk

JUHISED:
a) Kuumuta suures potis keskmisel kuumusel oliiviõli. Lisa hakitud sibul ja küüslauk, prae pehmeks.
b) Lisa kuubikuteks lõigatud kumara ja kõrvits, segades sibula ja küüslaugu seguga.
c) Vala sisse köögiviljapuljong, lisa jahvatatud köömned, sool ja pipar.
d) Kuumuta keemiseni, seejärel alanda kuumust ja hauta, kuni köögiviljad on pehmed.
e) Püreesta supp saumikseri abil ühtlaseks.
f) Serveeri kuumalt, kaunistatud hapukoore ja hakitud murulaukuga.

65.Kumara (maguskartul) ja peekonisupp

KOOSTISOSAD:
- 2 suurt kumarat (maguskartul), kooritud ja kuubikuteks lõigatud
- 1 sibul, hakitud
- 2 küüslauguküünt, hakitud
- 4 tassi kana- või köögiviljapuljongit
- 200 g peekonit, tükeldatud
- 1 tass koort
- Sool ja pipar maitse järgi
- Kaunistuseks värske murulauk

JUHISED:
a) Prae suures potis hakitud sibul ja hakitud küüslauk pehmeks.
b) Lisa kuubikuteks lõigatud kumara ja tükeldatud peekon, küpseta, kuni peekon on krõbe.
c) Vala puljong, lase keema tõusta, seejärel alanda kuumust ja hauta, kuni kumara on pehme.
d) Püreesta supp saumikseri abil ühtlaseks.
e) Sega juurde koor ning maitsesta soola ja pipraga.
f) Enne serveerimist kaunista värske murulauguga.

66.Rohelise huulega rannakarp

KOOSTISOSAD:
- 1 kg roheliste huulte rannakarpe, puhastatud ja habeme eemaldatud
- 2 spl võid
- 1 sibul, hakitud
- 2 küüslauguküünt, hakitud
- 2 kartulit, kooritud ja kuubikuteks lõigatud
- 2 porgandit, kooritud ja viilutatud
- 4 tassi kala- või köögiviljapuljongit
- 1 tass koort
- Sool ja pipar maitse järgi
- Kaunistuseks hakitud värsket peterselli

JUHISED:
a) Sulata suures potis või ja prae hakitud sibul ja hakitud küüslauk pehmeks.
b) Lisa kuubikuteks lõigatud kartul, viilutatud porgand ja puljong. Hauta, kuni köögiviljad on pehmed.
c) Lisa puhastatud rannakarbid, koor ja küpseta, kuni rannakarbid avanevad ja on läbi küpsenud.
d) Maitsesta soola ja pipraga ning kaunista hakitud värske peterselliga.

67.Kõrvitsa ja paua (abalone) supp

KOOSTISOSAD:
- 500 g kõrvitsat, kooritud ja kuubikuteks lõigatud
- 1 sibul, hakitud
- 2 küüslauguküünt, hakitud
- 1 tass paua (abalone), viilutatud
- 4 tassi kana- või köögiviljapuljongit
- 1 tl jahvatatud köömneid
- 1 tl jahvatatud koriandrit
- Sool ja pipar maitse järgi
- Oliiviõli toiduvalmistamiseks
- Kaunistuseks kreeka jogurt

JUHISED:
a) Prae suures potis oliiviõlis hakitud sibul ja hakitud küüslauk pehmeks.
b) Lisa kuubikuteks lõigatud kõrvits ja viilutatud paua, segades sibula ja küüslaugu seguga.
c) Vala peale puljong, lisa jahvatatud köömned ja koriander. Kuumuta keemiseni, seejärel alanda kuumust ja hauta, kuni kõrvits on pehme.
d) Püreesta supp saumikseri abil ühtlaseks.
e) Maitsesta soola ja pipraga ning serveeri kreeka jogurtiga.

68. Rannakarbi- ja kartulipuder

KOOSTISOSAD:
- 1 kg puhastatud ja habemetest puhastatud rannakarpe
- 2 spl võid
- 1 sibul, hakitud
- 2 sellerivart, tükeldatud
- 2 kartulit, kooritud ja kuubikuteks lõigatud
- 4 tassi kala- või köögiviljapuljongit
- 1 tass piima
- 2 spl jahu
- Sool ja pipar maitse järgi
- Kaunistuseks värske till

JUHISED:
a) Sulata suures potis või ja prae hakitud sibul ja seller pehmeks.
b) Lisa kuubikuteks lõigatud kartulid ja küpseta paar minutit.
c) Vala peale puljong ja lase keema tõusta, kuni kartul on pehme.
d) Eraldi kausis sega jahu vähese piimaga ühtlaseks pastaks. Sega potti, et hapukoor pakseneks.
e) Lisa puhastatud rannakarbid ja küpseta, kuni need avanevad. Vala peale ülejäänud piim.
f) Maitsesta soola ja pipraga ning enne serveerimist kaunista värske tilliga.

69. Kõrvitsa ja peekoni supp

KOOSTISOSAD:
- 500 g kõrvitsat, kooritud ja kuubikuteks lõigatud
- 200 g peekonit, tükeldatud
- 1 sibul, hakitud
- 2 küüslauguküünt, hakitud
- 4 tassi kana- või köögiviljapuljongit
- 1 tl jahvatatud muskaatpähkel
- Sool ja pipar maitse järgi
- Oliiviõli toiduvalmistamiseks
- Kaunistuseks hapukoor

JUHISED:
a) Prae suures potis oliiviõlis hakitud sibul, hakitud küüslauk ja hakitud peekon, kuni peekon on krõbe.
b) Lisa kuubikuteks lõigatud kõrvits, jahvatatud muskaatpähkel ja sega ühtlaseks.
c) Vala puljong ja lase keema tõusta, seejärel alanda kuumust ja hauta, kuni kõrvits on pehme.
d) Püreesta supp saumikseri abil ühtlaseks.
e) Maitsesta soola ja pipraga ning kaunista enne serveerimist hapukoorega.

70.Kūmara ja kookosesupp

KOOSTISOSAD:
- 2 suurt kūmara (maguskartul), kooritud ja kuubikuteks lõigatud
- 1 sibul, hakitud
- 2 küüslauguküünt, hakitud
- 1 purk (400 ml) kookospiima
- 4 tassi köögiviljapuljongit
- 1 tl jahvatatud kurkumit
- 1 tl jahvatatud köömneid
- Sool ja pipar maitse järgi
- Kaunistuseks värske koriander

JUHISED:
a) Prae suures potis hakitud sibul ja hakitud küüslauk pehmeks.
b) Lisa kuubikuteks lõigatud kūmara, jahvatatud kurkum ja jahvatatud köömned. Köögiviljade katmiseks segage.
c) Vala sisse kookospiim ja köögiviljapuljong. Kuumuta keema, seejärel alanda kuumust ja hauta, kuni kūmara on pehme.
d) Püreesta supp saumikseri abil ühtlaseks.
e) Maitsesta soola ja pipraga ning enne serveerimist kaunista värske koriandriga.

71.Rohelise herne ja singisupp

KOOSTISOSAD:
- 2 tassi rohelisi herneid (värsked või külmutatud)
- 200 g sinki, tükeldatud
- 1 sibul, hakitud
- 2 porgandit, kooritud ja viilutatud
- 2 kartulit, kooritud ja kuubikuteks lõigatud
- 4 tassi kana- või köögiviljapuljongit
- 1 loorberileht
- Sool ja pipar maitse järgi
- Kaunistuseks värske tüümian

JUHISED:

a) Prae suures potis hakitud sibul pehmeks.

b) Lisa kuubikuteks lõigatud sink, viilutatud porgand, kuubikuteks lõigatud kartul, rohelised herned ja loorberileht. Sega segamiseks.

c) Vala peale puljong ja lase keema tõusta, kuni köögiviljad on pehmed.

d) Eemaldage loorberileht ja püreestage osa supist blenderiga, jättes mõned tükid tekstuuri jaoks.

e) Maitsesta soola ja pipraga ning kaunista enne serveerimist värske tüümianiga.

72.Sealiha ja kressisupp

KOOSTISOSAD:
- 500 g seafilee, õhukesteks viiludeks
- 1 hunnik kressi, tükeldatud
- 1 sibul, hakitud
- 2 küüslauguküünt, hakitud
- 4 tassi kana- või sealihapuljongit
- 1 tass lumeherneid, kärbitud
- 1 tass oa idandeid
- Sojakaste maitse järgi
- Seesamiõli niristamiseks

JUHISED:
a) Prae suures potis hakitud sibul ja hakitud küüslauk pehmeks.
b) Lisa õhukesteks viiludeks lõigatud seafilee ja küpseta pruuniks.
c) Vala kana- või sealihapuljong ja lase keema tõusta.
d) Lisa hakitud kress, lumeherned ja oavõrsed. Küpseta, kuni köögiviljad on pehmed.
e) Maitsesta maitse järgi sojakastmega ja nirista enne serveerimist seesamiõliga.

73. Uus-Meremaa mereandide koor

KOOSTISOSAD:
- 200g valget kalafileed, kuubikuteks
- 200g rannakarpe, puhastatud ja habeme eemaldatud
- 200 g krevette, kooritud ja tükeldatud
- 2 spl võid
- 1 sibul, hakitud
- 2 porgandit, kooritud ja kuubikuteks lõigatud
- 2 kartulit, kooritud ja kuubikuteks lõigatud
- 4 tassi kala- või köögiviljapuljongit
- 1 tass piima
- 1/2 tassi koort
- Sool ja pipar maitse järgi
- Kaunistuseks hakitud värsket peterselli

JUHISED:
a) Sulata suures potis või ja prae hakitud sibulat pehmeks.
b) Lisa kuubikuteks lõigatud porgand, tükeldatud kartul ja puljong. Hauta, kuni köögiviljad on pehmed.
c) Lisa kuubikuteks lõigatud valge kala, puhastatud rannakarbid ja kooritud krevetid. Küpseta, kuni mereannid on läbi küpsenud.
d) Vala sisse piim ja koor. Hauta, kuni see on läbi kuumutatud.
e) Maitsesta soola ja pipraga ning kaunista enne serveerimist hakitud värske peterselliga.

74.Hāngī köögiviljasupp

KOOSTISOSAD:
- 2 kūmara (maguskartul), kooritud ja kuubikuteks lõigatud
- 2 kartulit, kooritud ja kuubikuteks lõigatud
- 2 porgandit, kooritud ja viilutatud
- 1 sibul, hakitud
- 2 küüslauguküünt, hakitud
- 1 kl puha lehti (külvi ohakas) või spinatit
- 4 tassi köögiviljapuljongit
- 1 tl jahvatatud koriandrit
- 1 tl jahvatatud köömneid
- Sool ja pipar maitse järgi
- Oliiviõli toiduvalmistamiseks

JUHISED:
a) Prae suures potis oliiviõlis hakitud sibul ja hakitud küüslauk pehmeks.
b) Lisa kuubikuteks lõigatud kūmara, kuubikuteks lõigatud kartul, viilutatud porgand ja jahvatatud koriander. Köögiviljade katmiseks segage.
c) Vala köögiviljapuljong ja lase keema tõusta, seejärel alanda kuumust ja hauta, kuni köögiviljad on pehmed.
d) Lisa puha lehed või spinat ja küpseta närbumiseni.
e) Enne serveerimist maitsesta jahvatatud köömnete, soola ja pipraga.

KÕRJED JA SALATID

75.Uus-Meremaa spinatigratiin

KOOSTISOSAD:
- 1 nael (450 g) Uus-Meremaa spinatit, pestud ja tükeldatud
- 2 spl oliiviõli
- 1 sibul, peeneks hakitud
- 2 küüslauguküünt, hakitud
- Sool ja pipar, maitse järgi
- 1 tass (240 ml) koort
- 1 tass (100 g) riivitud Gruyere või Parmesani juustu
- 2 spl riivsaia

JUHISED:
a) Kuumuta ahi temperatuurini 375 ° F (190 ° C).
b) Kuumuta suurel pannil keskmisel kuumusel oliiviõli. Lisa hakitud sibul ja hakitud küüslauk. Prae kuni sibul on pehme ja läbipaistev.
c) Lisa pannile hakitud Uus-Meremaa spinat. Keeda paar minutit, kuni spinat närbub. Maitsesta soola ja pipraga maitse järgi.
d) Kuumuta eraldi kastrulis keskmisel kuumusel rõõsk koor. Kui see on soojendatud, lisage riivjuust ja segage, kuni see on sulanud. Maitsesta vajadusel veel soola ja pipraga.
e) Sega praetud spinati segu juustu ja koore seguga. Sega hästi, et spinat oleks ühtlaselt kaetud.
f) Tõsta segu ahjuvormi, aja see ühtlaselt laiali.
g) Puista spinatisegu peale riivsai. See lisab gratiinile krõbedat tekstuuri.
h) Küpseta eelkuumutatud ahjus umbes 20-25 minutit või kuni pealt on kuldpruun ja gratiin mullitab.
i) Võta ahjust välja ja lase enne serveerimist paar minutit jahtuda. Serveeri Uus-Meremaa spinatigratiini lisandina või kerge pearoana.

76.Hāngī inspireeritud küpsetatud oad

KOOSTISOSAD:
- 2 purki (igaüks 15 untsi) cannellini ube, nõrutatud ja loputatud
- 1 sibul, peeneks hakitud
- 2 küüslauguküünt, hakitud
- 1 tass tomatipassatat (püreetatud tomatid)
- 1/4 tassi pruuni suhkrut
- 2 spl Worcestershire'i kastet
- Sool ja pipar maitse järgi

JUHISED:
a) Kuumuta ahi 180°C-ni (350°F).
b) Sega ahjuvormis cannellini oad, hakitud sibul, hakitud küüslauk, tomatipassata, pruun suhkur ja Worcestershire'i kaste.
c) Maitsesta soola ja pipraga, sega korralikult läbi ja kata roog fooliumiga.
d) Küpseta umbes 30-40 minutit või kuni oad on pehmed ja maitsed hästi segunenud.
e) Serveeri maitsva kõrvale või röstsaiale toekaks hommikusöögiks.

77. Kūmara ja spinati salat grillitud Halloumiga

KOOSTISOSAD:

- 2 tassi kūmara (maguskartul), kooritud ja kuubikuteks lõigatud
- 200 g halloumi juustu, viilutatud
- 4 tassi beebispinatit
- 1/4 tassi kõrvitsaseemneid
- 1/4 tassi oliiviõli
- 2 spl palsamiäädikat
- 1 spl mett
- Sool ja pipar maitse järgi

JUHISED:

a) Aurutage või röstige kūmara pehmeks.
b) Grilli halloumi viilud pannil mõlemalt poolt kuldpruuniks.
c) Sega suures kausis beebispinat, kūmara, grillitud halloumi ja kõrvitsaseemned.
d) Vispelda väikeses kausis oliiviõli, palsamiäädikas, mesi, sool ja pipar.
e) Enne serveerimist nirista kaste salatile.

78.Uus-Meremaa spinati konserveerimine

KOOSTISOSAD:
- 2–6 naela värsket, noort ja õrna Uus-Meremaa spinatit

Meetod (hot Pack):
a) Valige värskelt korjatud, noor ja õrn spinat.
b) Korraldage ja valmistage ette kõik vajalikud seadmed ja oma tööpiirkond.
c) Peske spinat põhjalikult mitme veevahetusega ja korjake hoolikalt, et eemaldada kõik lisandid.
d) Eemaldage spinatilt kõik kõvad varred ja keskribad.
e) Asetage ettevalmistatud spinat suurde kastrulisse, kus on piisavalt vett, et vältida kleepumist. Tavaliselt piisab veest, mis lehtede külge kleepub.
f) Kuumuta spinatit, kuni see närbub, keerates spinatit, kui aur hakkab ümber panni servade tõusma. Enne pakkimist lõika spinat terava noa või köögikääridega mitu korda läbi.
g) Pakkige kuum spinat väga lõdvalt kuumadesse pool- või liitristesse purkidesse, jättes ülaosast 1-tollise ruumi. Soovi korral lisage igale poolliitrisele purgile ½ tl soola või 1 tl soola.
h) Valage purkidesse keev vesi, jättes ülaosast 1-tollise ruumi.
i) Pühkige purkide pealsed ja niidid niiske puhta lapiga.
j) Pange kaaned ja keerake kinni, järgides tootja juhiseid.
k) Töötle purke 10 naela rõhuga: 1 tund ja 10 minutit pinti või 1 tund ja 30 minutit kvartide puhul.

79. Kolmevärviline Uus-Meremaa salat

KOOSTISOSAD:
- 4 kiivi
- 1 suur tomat
- 1 kurk
- 2 avokaadot
- Värske basiiliku oksad
- ½ tassi apelsinimahla
- 1 tl palsamiäädikat
- ½ tl Dijoni sinepit

JUHISED:
a) Pese ja lõika kiivide otsad ära.
b) Lõika kiivid ¼ tolli paksusteks viiludeks.
c) Lõika tomat viiludeks.
d) Viiluta kurk.
e) Koori ja viiluta avokaadod.
f) Laota kiiviviilud, tomativiilud, kurgiviilud ja viilutatud avokaadod võrdselt nelja salatitaldriku vahel.
g) Kaunista iga taldrik värske basiiliku okstega.
h) Vahusta väikeses kausis apelsinimahl, palsamiäädikas ja Dijoni sinep, kuni need on põhjalikult segunenud.
i) Nirista kaste vahetult enne serveerimist ettevalmistatud salatiplaatidele.

80.Uus-Meremaa pruuni riisi ja kiivi salat

KOOSTISOSAD:
- 1 tass pruuni riisi
- 2 kiivi
- 1 uus Granny Smithi või Braeburni õun
- ½ tassi õhukesteks viiludeks lõigatud sellerit
- ½ tassi punase pipra ribad
- ¼ tassi röstitud pähklitükke
- ¼ tassi õhukeselt viilutatud rohelist sibulat
- 2 spl hakitud peterselli
- 3 supilusikatäit šerri äädikat
- 1 spl Oliiviõli

JUHISED:
a) Keeda pruun riis vees vastavalt pakendi juhistele.
b) Nõruta ja lase jahtuda.
c) Koorige kiivid ja lõigake need ¼ tolli paksusteks viiludeks. Lõika viilud pooleks, et moodustada poolringid.
d) Puhasta õunast südamik ja lõika see ½-tollisteks kuubikuteks.
e) Viiluta seller õhukesteks, lõika punane pipar ribadeks ja rösti kreeka pähklitükid.
f) Viska salatikaussi kokku keedetud pruun riis, kiivid, tükeldatud õun, õhukesteks viiludeks lõigatud seller, punase pipra ribad, röstitud kreeka pähkli tükid, roheline sibul ja hakitud petersell.
g) Eraldi kausis sega omavahel šerriäädikas ja oliiviõli.
h) Nirista äädika ja õli segu salatile.
i) Viska salat läbi, et kõik koostisosad oleksid kastmega korralikult kaetud.
j) Kata salat kaanega ja pane enne serveerimist 1-2 tunniks külmkappi, et maitsed seguneksid.

81.Uus-Meremaa apelsin papaia riisi ja salsaga

KOOSTISOSAD:
RIISI KOHTA:
- 3 tassi aurutatud valget riisi või kahekümneminutilist riisi
- 6 tassi papaia mahla
- 2 spl margariini
- 1½ teelusikatäit soola
- ¼ tassi värsket murulauku, hakitud

KALADE KOHTA:
- 4½ naela Orange Roughy (või 12 kuue untsi fileed)
- 12 untsi mereandide glasuur ja basting kaste

Vürtsika puuviljasalsa jaoks:
- 2 papaiat, kooritud, seemnetest puhastatud ja kuubikuteks lõigatud
- 2 kiivi, kooritud ja tükeldatud
- 1 suur punane paprika, seemnetest puhastatud ja kuubikuteks lõigatud
- 1 suur punane sibul, tükeldatud
- 2 Jalapeno paprikat, seemnetest puhastatud ja hakitud
- ¼ tassi värsket laimimahla
- ¼ tassi värsket sidrunimahla

KAASAD:
- Salat
- Aurutatud rohelised oad

JUHISED:
Vürtsika puuviljasalsa jaoks:
a) Sega kausis kõik salsa koostisosad.
b) Kata ja jahuta kuni serveerimiseks valmis.

RIISI KOHTA:
c) Aja papaiamahl potis keema.
d) Lisa margariin ja sool ning sega seejärel riis.
e) Alanda kuumust, kata kaanega ja hauta 20 minutit.
f) Enne serveerimist lisa hakitud murulauk.

KALADE KOHTA:
g) Loputage apelsinifilee külma vee all ja patsutage need kuivaks.
h) Grilli fileed keskmisel kuumusel 6 tolli kaugusel soojusallikast mõlemalt poolt 3–4 minutit või kuni kala kahvliga kergesti helvestub.
i) Määri fileed valmistatud mereanniglasuuri ja basting-kastmega.

KOOSTAMINE:
j) Serveeri iga apelsinifilee, millele on lisatud rohkelt vürtsikat puuviljasalsat.
k) Kata kalale papaia riisi ja aurutatud roheliste ubadega.
l) Lisa värskendavaks lisandiks värske salat.

82. Kūmara (maguskartul) viilud

KOOSTISOSAD:
- 2 suurt kūmara (maguskartul), kooritud ja viiludeks lõigatud
- 2 spl oliivõli
- 1 tl suitsupaprikat
- 1 tl jahvatatud köömneid
- Sool ja pipar maitse järgi
- Kaunistuseks värske petersell

JUHISED:
a) Kuumuta ahi 200°C-ni (180°C ventilaatoriga).
b) Viska kaussi kūmara viilud oliivõli, suitsupaprika, jahvatatud köömnete, soola ja pipraga.
c) Laota viilud ühe kihina ahjuplaadile.
d) Rösti ahjus 25-30 minutit või kuni see on kuldne ja krõbe.
e) Enne serveerimist kaunista värske peterselliga.

83. Hasselbacki kartulid

KOOSTISOSAD:
- 6 keskmise suurusega jahust/röstitud või universaalset kartulit, kooritud
- 50 g võid
- 2 spl oliiviõli

JUHISED:

a) Lõika iga kartul õhukesteks viiludeks, mis jäävad umbes 0,5–1 cm enne kartulipõhja.

b) Seda saab teha mitmel viisil, kuid mulle meeldib panna kartul kahe 6 mm paksuse laua, taldriku või puulusikavarre vahele, nii et mu nuga ei saa lõpuni läbi lõigata.

c) Valige ahjukindel röstimisnõu või pann, mis istub kartulitega tihedalt (mitte tihedalt) ja mille küljed ei ole liiga kõrged (3–5 cm kõrgused on hea).

d) Sulata või ja oliiviõli pannil pliidi kohal ning sega juurde 1 tl soola.

e) Pöörake kartulid selles, et need hästi kattuksid, ja seejärel asetage lõikepind ülespoole.

f) Valage keeva veega nii palju, et see ulatuks umbes veerandini kartulitest.

g) Rösti 1 tund ja 15 minutit, loputades iga 15 minuti järel võiveega.

h) Kui see aurustub, lisage viimase 30 minuti jooksul veidi rohkem vett.

84.Uus-Meremaa kartulisalat

KOOSTISOSAD:
- 4 tassi keedetud ja tükeldatud kartulit
- 1/2 tassi majoneesi
- 1 spl Dijoni sinepit
- 2 spl siidri äädikat
- 1 sibul, peeneks hakitud
- 4 kõvaks keedetud muna, tükeldatud
- Sool ja pipar maitse järgi
- Kaunistuseks värske murulauk

JUHISED:
a) Sega suures kausis kokku majonees, Dijoni sinep, siidriäädikas, sool ja pipar.
b) Lisa keedetud ja tükeldatud kartul, hakitud sibul ja kõvaks keedetud munad. Viska mantlile.
c) Enne serveerimist kaunista värske murulauguga.
d) Parima maitse saavutamiseks jahutage enne serveerimist külmkapis.

85.Kīnaki salat (tomati-avokaado salat)

KOOSTISOSAD:
- 4 küpset tomatit, tükeldatud
- 2 avokaadot, tükeldatud
- 1 punane sibul, õhukeselt viilutatud
- 1/4 tassi hakitud värsket koriandrit
- 1 laimi mahl
- 2 spl oliiviõli
- Sool ja pipar maitse järgi

JUHISED:
a) Segage suures kausis tükeldatud tomatid, kuubikuteks lõigatud avokaadod, õhukeselt viilutatud punane sibul ja hakitud koriander.
b) Vahusta väikeses kausis laimimahl, oliiviõli, sool ja pipar.
c) Vala kaste salatile ja viska õrnalt katteks.
d) Serveeri kohe värskendava lisandi salatina.

86. Coleslaw õuna ja pähkliga

KOOSTISOSAD:
- 4 tassi hakitud kapsast (roheline ja punane)
- 1 porgand, riivitud
- 1 õun, õhukeselt viilutatud
- 1/2 tassi hakitud kreeka pähkleid
- 1/2 tassi majoneesi
- 2 spl õunasiidri äädikat
- 1 spl mett
- Sool ja pipar maitse järgi

JUHISED:
a) Sega suures kausis hakitud kapsas, riivitud porgand, viilutatud õun ja hakitud kreeka pähklid.
b) Sega väikeses kausis kokku majonees, õunasiidri äädikas, mesi, sool ja pipar.
c) Valage kaste kapsasalatile ja segage, kuni see on hästi segunenud.
d) Enne serveerimist hoia vähemalt 30 minutit külmkapis, et maitsed sulaksid.

87. Sowthistle Salsa

KOOSTISOSAD:
- 2 x küüslauguküünt
- 60g ohatist
- 100 g leotatud sarapuupähkleid
- 15 g peterselli
- ¼ teelusikatäit meresoola
- 2 tl Korea punase tšilli helbeid
- 4 supilusikatäit oliiviõli
- 10 kirsstomatit (tükeldatud)

JUHISED:
a) Leota sarapuupähkleid 60 minutit keevas vees. Kurna ja loputa hoolikalt.
b) Leota emise ohakas 60 minutit külmas vees. Seejärel eemaldage suurematelt lehtedelt lehelabad, visake lehevarred ära. Ärge viitsige seda teha väiksemate lehtedega, sest nende varred ei ole muutunud nööriliseks.
c) Purusta küüslauguküüned ja lase 15 minutit seista. See "käivitab ensüümi reaktsiooni, mis suurendab küüslaugu tervislikke ühendeid." REF
d) Lisa köögikombainis sarapuupähklid, hakitud ohatis, petersell, küüslauk, meresool, oliiviõli, punased korea tšillihelbed. Seejärel pulseerige, kuni see on hakitud ja segatud. Tahad paksu konsistentsi, mitte vedelat.
e) Nüüd haki kaussi pandud tomatid ja tõsta lusikaga välja emise ohaka segu. Tõsta tomatid salsa kahvliga läbi.
f) Seejärel serveeri kastmena oma lemmikroa juurde. Traditsiooniliselt serveeritakse grill-lihaga, kuid taimsetele inimestele soovitan serveerida pähklisaia, küpsetatud tempehi, röstitud köögiviljade ja/või kartulitega jne.

MAGUSTOIT JA MAIUSTUSED

88.Uus-Meremaa käsnkook

KOOSTISOSAD:
- 3 muna
- Näputäis soola
- 1 tass jahu
- ¾ tassi peent suhkrut (saab kasutada tavalist suhkrut)
- 1 tl Küpsetuspulber
- 50 grammi võid, sulatatud (umbes 2 untsi)

JUHISED:
a) Klopi segamisnõus lahti munad ja lisa näpuotsaga soola. Jätka vahustamist, kuni segu muutub paksuks.
b) Sõelu omavahel jahu ja küpsetuspulber ning lisa seejärel lahtiklopitud munadele.
c) Sega muna-jahusegu hulka sulatatud või.
d) Määri ja vooderda sügav 20 cm (8 tolli) ümmargune koogivorm.
e) Vala tainas ettevalmistatud koogivormi.
f) Küpseta 190°C (375°F) juures 25-30 minutit või kuni kook kergelt puudutamisel tagasi vetub.
g) Lase koogil 10 minutit vormis jahtuda, enne kui tõstad selle jahutusrestile.

89.Uus-Meremaa kiivi juustukook

KOOSTISOSAD:
KOORIK:
- 1½ tassi Graham Cracker Crumbs
- ¼ tassi granuleeritud suhkrut
- 6 supilusikatäit võid, sulatatud

JUUSTUKOOK:
- 1½ naela toorjuustu
- 1 tass granuleeritud suhkrut
- 2 spl Piima
- ¼ teelusikatäit soola
- 1 tl vaniljeekstrakti
- 4 suurt muna, kergelt pekstud

TOPPING:
- 1 tass hapukoort
- 3 supilusikatäit kondiitri suhkrut
- ½ tl vaniljeekstrakti

GARNIS:
- 2 kiivi, kooritud ja viilutatud

JUHISED:
a) Eelkuumuta ahi: Kuumuta ahi 350 kraadini F.
VALMISTA KOOR:
b) Segage segamisnõus Grahami kreekeripuru, granuleeritud suhkur ja sulatatud või.
c) Suruge segu rasvaga määritud 9-tollise vedruvormi põhja ja osaliselt külgedele.
d) Küpseta 10 minutit eelsoojendatud ahjus. Enne täitmist lase jahtuda.
VALMISTA JUUSTUKOOK:
e) Vahusta suures segamiskausis toorjuust, piim, sool ja vanill, kuni need on hästi segunenud.
f) Lisa munad ja granuleeritud suhkur, jätka vahustamist, kuni segu on kerge ja kreemjas.
g) Vala juustukoogi segu ettevalmistatud koorikusse ja küpseta 35 minutit või kuni see on kergelt pruunistunud ja keskele hangunud.
h) Võta kook ahjust välja ja jahuta 10 minutit.
VALMISTA KATTINE:
i) Sega eraldi kausis kokku hapukoor, kondiitri suhkur ja vanill.
j) Määri kate jahtunud juustukoogile.
k) Pange kook tagasi ahju ja küpsetage veel 15 minutit.
l) Jahutage juustukook toatemperatuurini, seejärel jahutage, kuni see on jahtunud.
m) Vahetult enne serveerimist kaunista koogi pealmine osa kiivi viiludega.
n) Nautige oma maitsvat Uus-Meremaa kiivijuustukooki!

90.Uus-Meremaa Pavlova

KOOSTISOSAD:
- 4 munavalget
- 1¼ tassi tuhksuhkrut (granuleeritud).
- 1 tl valget äädikat
- 1 tl vaniljeessentsi (ekstrakt)
- 1 spl maisijahu (maisitärklis)
- ½ liitrit koort
- 2 kiivi
- 4 Passion vilja

JUHISED:
a) Kuumuta ahi 180°C-ni (356°F).
b) Vahusta elektrimikseriga munavalgeid ja suhkrut 10 minutit või kuni vaht muutub paksuks ja läikivaks.
c) Sega äädikas, vaniljeessents ja maisijahu omavahel.
d) Lisa segu beseele.
e) Vahusta suurel kiirusel veel 5 minutit.
f) Vooderda ahjuplaat küpsetuspaberiga (Ära määri).
g) Joonista küpsetuspaberile 22 cm ring.
h) Laota pavlova segu küpsetuspaberile 2 cm ulatuses ringi servast.
i) Hoidke kuju võimalikult ümar ja ühtlane.
j) Silu ülemine pind üle.
k) Asetage pavlova eelsoojendatud ahju, seejärel vähendage ahju temperatuur 100 °C-ni (212 °F).
l) Küpseta pavlovat 1 tund.
m) Lülitage ahi välja, avage veidi ahjuuks ja jäta pavlova ahju, kuni see on jahtunud.
n) Tõsta pavlova ettevaatlikult serveerimistaldrikule.
o) Kaunista vahukoore, viilutatud kiivi ja värskete kannatusviljade viljalihaga.

91. Tim Tam Uppus

KOOSTISOSAD:
- 1 lusikas šokolaadi gelatot või jäätist
- 1 amps espressot
- 1 supilusikatäis amarula
- purustatud Tim Tam küpsised

JUHISED:
a) Aseta serveerimisklaasi kulbitäis šokolaadigelatot või jäätist.
b) Valage želato peale tilk kuuma espressot.
c) Lisa Uppusle supilusikatäis amarulat.
d) Puista peale purustatud Tim Tami küpsiseid.
e) Serveeri kohe ja naudi šokolaadi, kohvi ja küpsiste mõnusat kombinatsiooni.

92.Hokey Pokey jäätis

KOOSTISOSAD:
- 2 tassi vaniljejäätist
- 1 tass hokey pokey (kärg-iiris), purustatud
- Šokolaadikaste

JUHISED:
a) Pehmenda vanillijäätis kausis.
b) Voldi sisse purustatud hokey pokey.
c) Valage segu anumasse ja külmutage, kuni see on tahke.
d) Enne serveerimist nirista šokolaadikastmega.

93.Feijoa Murenda

KOOSTISOSAD:
- 6-8 feijoad, kooritud ja viilutatud
- 1 tass granuleeritud suhkrut
- 1 tass universaalset jahu
- 1/2 tassi valtsitud kaera
- 1/2 tassi võid, pehmendatud
- 1 tl kaneeli
- Serveerimiseks vaniljejäätis

JUHISED:
a) Kuumuta ahi 180°C-ni.
b) Sega kausis feijoad ja pool suhkrust. Aseta ahjuvormi.
c) Teises kausis segage jahu, kaer, ülejäänud suhkur, pehme või ja kaneel muredaks.
d) Puista murena segu feijoadele.
e) Küpseta 30-35 minutit või kuni pealt on kuldne ja viljad mullitavad.
f) Serveeri soojalt koos vanillijäätisega.

94. Mānuka mee ja pähkli tort

KOOSTISOSAD:
- 1 leht valmis muretainast
- 1 tass kreeka pähkleid, hakitud
- 1/2 tassi Mānuka mett
- 1/2 tassi pruuni suhkrut
- 1/2 tassi võid, sulatatud
- 2 muna, lahtiklopitud
- Serveerimiseks vaniljejäätis

JUHISED:
a) Kuumuta ahi 180°C-ni.
b) Vooderda tortivorm muretaignaga.
c) Sega kausis kokku hakitud kreeka pähklid, Mānuka mesi, fariinsuhkur, sulatatud või ja lahtiklopitud munad.
d) Vala kreeka pähkli segu hapukoore sisse.
e) Küpseta 25-30 minutit või kuni täidis on tahenenud ja kuldne.
f) Lase enne serveerimist koos kulbiku vaniljejäätisega jahtuda.

95.Vaarika ja valge šokolaadi viil

KOOSTISOSAD:
- 200 g võid, sulatatud
- 1 tass magustatud kondenspiima
- 250 g tavalisi küpsiseid, purustatud
- 1 tass kuivatatud kookospähkel
- 1 tass külmutatud vaarikaid
- 200 g valget šokolaadi, sulatatud

JUHISED:
a) Vooderda viiluvorm küpsetuspaberiga.
b) Sega kausis kokku sulatatud või ja magustatud kondenspiim.
c) Lisa purustatud küpsised, kuivatatud kookospähkel ja külmutatud vaarikad. Segage, kuni see on hästi segunenud.
d) Suru segu ettevalmistatud vormi.
e) Nirista kõige peale sulatatud valge šokolaad.
f) Tõsta tarretumiseni külmkappi, seejärel lõika viiludeks.

96.Afganistani küpsised

KOOSTISOSAD:
- 1 tass võid, pehmendatud
- 1/2 tassi suhkrut
- 1 1/4 tassi universaalset jahu
- 2 spl kakaopulbrit
- 1 1/2 tassi maisihelbeid
- 1 tass hakitud kookospähklit
- 200g tumedat šokolaadi, katteks
- 1/4 tassi hakitud kreeka pähkleid (valikuline)

JUHISED:

a) Kuumuta ahi 180°C-ni (350°F) ja vooderda küpsetusplaat küpsetuspaberiga.
b) Vahusta või ja suhkur heledaks ja kohevaks vahuks.
c) Sõelu sisse jahu ja kakaopulber, seejärel sega hulka maisihelbed ja kookospähkel.
d) Tõsta lusikatäied segu ettevalmistatud alusele ja lameda veidi.
e) Küpseta 15-20 minutit või kuni kuldpruunini.
f) Lase küpsistel jahtuda. Sulata šokolaad ja määri iga biskviidi peale.
g) Soovi korral puista peale hakitud kreeka pähkleid.

97.Kiivi ja maasika pisiasi

KOOSTISOSAD:
- 1 rullbiskviidi, kuubikuteks
- 4 kiivi, kooritud ja viilutatud
- 1 tass maasikaid, viilutatud
- 2 tassi vanillikaste
- 1 tass vahukoort
- 1/2 tassi viilutatud mandleid, röstitud

JUHISED:
a) Lao kihiti triikvormi kuubikuteks lõigatud rullbiskviidi, kiivi- ja maasikaviilud.
b) Vala vanillikaste kihtidele.
c) Korrake kihte, kuni roog on täidetud, lõpetades vahukoorekihiga.
d) Kõige peale tõsta röstitud mandliviilud.
e) Enne serveerimist hoia paar tundi külmkapis.

98.Lolly kook

KOOSTISOSAD:
- 150 g võid
- 1 tass magustatud kondenspiima
- 250g linnaseküpsiseid, purustatud
- 1 tass kuivatatud kookospähkel
- 1 tass eskimo pulgakommid (puuviljamaitselised vahukommid), tükeldatud

JUHISED:
a) Sulata kastrulis madalal kuumusel või ja magustatud kondenspiim.
b) Sega suures kausis purustatud linnaseküpsised, kuivatatud kookospähkel ja tükeldatud eskimo pulgakommid.
c) Vala sulavõi ja kondenspiima segu kuivainetele ning sega korralikult läbi.
d) Suru segu vooderdatud viiluvormi.
e) Tõsta tarretumiseni külmkappi, seejärel lõika viiludeks.

99.Anzaci küpsised

KOOSTISOSAD:
- 1 tass valtsitud kaerahelbeid
- 1 tass kuivatatud kookospähkel
- 1 tass universaalset jahu
- 1 tass pruuni suhkrut
- 125 g võid
- 2 supilusikatäit kuldset siirupit
- 1/2 tl söögisoodat
- 2 spl keeva vett

JUHISED:
a) Kuumuta ahi 180°C-ni.
b) Segage suures kausis valtsitud kaer, kuivatatud kookospähkel, jahu ja pruun suhkur.
c) Sulata potis madalal kuumusel või ja kuldne siirup.
d) Lahusta keevas vees söögisooda ja lisa sulavõisegule.
e) Vala märjad ained kuivainete hulka ja sega korralikult läbi.
f) Tõsta lusikatäied segu vooderdatud ahjuplaadile ja tasanda veidi.
g) Küpseta 15 minutit või kuni kuldpruunini.

100.Kuldse siirupiga aurutatud puding

KOOSTISOSAD:
- 1 tass isekerkivat jahu
- 1/2 tassi suhkrut
- 1 spl võid, sulatatud
- 1/2 tassi piima
- 2 supilusikatäit kuldset siirupit
- Vanillikreem serveerimiseks

JUHISED:
a) Määri pudinginõu.
b) Sega kausis omavahel kerkiv jahu, suhkur, sulavõi ja piim, kuni segu on hästi segunenud.
c) Tõsta pudingikausi põhja lusikaga kuldne siirup.
d) Vala tainas kuldse siirupiga.
e) Kata kraanikauss kaane või fooliumiga ja auruta 1,5–2 tundi.
f) Serveeri soojalt koos vanillikreemiga.

KOKKUVÕTE

Kui me lõpetame oma reisi läbi " Uus-Meremaa Tänava Tänav Toiduraamat" lehekülgede, täname teid südamest, et ühinesite meiega sellel maitsval seiklusel. Loodame, et need retseptid on viinud teid Uus-Meremaa elavatele tänavatele, võimaldades teil nautida Kiwi tänavatoidu olemust mugavalt oma kodus.

See raamat on midagi enamat kui lihtsalt retseptide kogum; see on austusavaldus Kiwi tänavatoidukultuuri vaimule – kultuurile, mis hõlmab mitmekesisust, loovust ja rõõmu sõprade ja perega maitsvate hetkede jagamisest. Valmistatud roogade ja maitsete üle mõtiskledes soovitame teil jätkata Uus-Meremaa tänavatoidu maailma avastamist, olgu see siis teie köögis või kohalikel turgudel ja toidufestivalidel.

Olgu nende roogade ümber loodud mälestused sama rikkalikud ja mitmekesised kui Uus-Meremaa enda maitsed. Täname, et tegite "Uus-Meremaa ülima tänavatoiduraamatu" oma kulinaarse teekonna osaks. Kuni meie teed taas ristuvad maitsvate avastuste, rõõmsa toiduvalmistamise ja kai pai tō kai (nautige oma toitu) maailmas!

www.ingramcontent.com/pod-product-compliance
Lightning Source LLC
Chambersburg PA
CBHW071848110526
44591CB00011B/1346